ENCONTROS DE FAMÍLIA
IMPASSES, CONFRONTOS, NEGOCIAÇÕES
ENTRELAÇANDO OLHARES

Editora Appris Ltda.
1.ª Edição - Copyright© 2024 da autora
Direitos de Edição Reservados à Editora Appris Ltda.

Nenhuma parte desta obra poderá ser utilizada indevidamente, sem estar de acordo com a Lei nº 9.610/98. Se incorreções forem encontradas, serão de exclusiva responsabilidade de seus organizadores. Foi realizado o Depósito Legal na Fundação Biblioteca Nacional, de acordo com as Leis nos 10.994, de 14/12/2004, e 12.192, de 14/01/2010.

Catalogação na Fonte
Elaborado por: Dayanne Leal Souza
Bibliotecária CRB 9/2162

T126e
2024
	Tagliari, Marli
	    Encontros de família: impasses, confrontos, negociações entrelaçando olhares / Marli Tagliari. - 1. ed. – Curitiba: Appris, 2024.
	    165 p. ; 23 cm. – (Coleção Saúde Mental).
	
	    Inclui referências.
	    ISBN 978-65-250-6915-9
	
	    1. Família. 2. Vínculo. 3. Relacionamento. 4. Individuação. 5. Complexo. 6. Identificação. 7. Perda. 8. Psicologia analítica. 9. Jung. I. Tagliari, Marli. II. Título. III. Série.
	
	                                                                    CDD – 150.195 4

Livro de acordo com a normalização técnica da APA

Appris editora

Editora e Livraria Appris Ltda.
Av. Manoel Ribas, 2265 – Mercês
Curitiba/PR – CEP: 80810-002
Tel. (41) 3156 - 4731
www.editoraappris.com.br

Printed in Brazil
Impresso no Brasil

Marli Tagliari

ENCONTROS DE FAMÍLIA
IMPASSES, CONFRONTOS, NEGOCIAÇÕES
ENTRELAÇANDO OLHARES

Appris editora

Curitiba, PR
2024

FICHA TÉCNICA

EDITORIAL	Augusto Coelho
	Sara C. de Andrade Coelho

COMITÊ EDITORIAL
- Ana El Achkar (Universo/RJ)
- Andréa Barbosa Gouveia (UFPR)
- Antonio Evangelista de Souza Netto (PUC-SP)
- Belinda Cunha (UFPB)
- Délton Winter de Carvalho (FMP)
- Edson da Silva (UFVJM)
- Eliete Correia dos Santos (UEPB)
- Erineu Foerste (Ufes)
- Fabiano Santos (UERJ-IESP)
- Francinete Fernandes de Sousa (UEPB)
- Francisco Carlos Duarte (PUCPR)
- Francisco de Assis (Fiam-Faam-SP-Brasil)
- Gláucia Figueiredo (UNIPAMPA/ UDELAR)
- Jacques de Lima Ferreira (UNOESC)
- Jean Carlos Gonçalves (UFPR)
- José Wálter Nunes (UnB)
- Junia de Vilhena (PUC-RIO)
- Lucas Mesquita (UNILA)
- Márcia Gonçalves (Unitau)
- Maria Aparecida Barbosa (USP)
- Maria Margarida de Andrade (Umack)
- Marilda A. Behrens (PUCPR)
- Marília Andrade Torales Campos (UFPR)
- Marli Caetano
- Patrícia L. Torres (PUCPR)
- Paula Costa Mosca Macedo (UNIFESP)
- Ramon Blanco (UNILA)
- Roberta Ecleide Kelly (NEPE)
- Roque Ismael da Costa Güllich (UFFS)
- Sergio Gomes (UFRJ)
- Tiago Gagliano Pinto Alberto (PUCPR)
- Toni Reis (UP)
- Valdomiro de Oliveira (UFPR)

SUPERVISORA EDITORIAL	Renata C. Lopes
PRODUÇÃO EDITORIAL	Adrielli de Almeida
REVISÃO	Marcela Vidal Machado
DIAGRAMAÇÃO	Amélia Lopes
CAPA	Eneo Lage
REVISÃO DE PROVA	William Rodrigues

COMITÊ CIENTÍFICO DA COLEÇÃO SAÚDE MENTAL

DIREÇÃO CIENTÍFICA	Roberta Ecleide Kelly (NEPE)
CONSULTORES	Alessandra Moreno Maestrelli (Território Lacaniano Riopretense)
	Ana Luiza Gonçalves dos Santos (UNIRIO)
	Antônio Cesar Frasseto (UNESP, São José do Rio Preto)
	Felipe Lessa (LASAMEC - FSP/USP)
	Gustavo Henrique Dionísio (UNESP, Assis - SP)
	Heloísa Marcon (APPOA, RS)
	Leandro de Lajonquière (USP, SP/ Université Paris Ouest, FR)
	Marcelo Amorim Checchia (IIEPAE)
	Maria Luiza Andreozzi (PUC-SP)
	Michele Kamers (Hospital Santa Catarina, Blumenau)
	Norida Teotônio de Castro (Unifenas, Minas Gerais)
	Márcio Fernandes (Unicentro-PR-Brasil)
	Maria Aparecida Baccega (ESPM-SP-Brasil)
	Fauston Negreiros (UFPI)

"A infecção dos filhos se dá por via indireta, fazendo com que eles assumam uma atitude em relação ao estado de espírito dos pais: ou reagem em defesa própria por meio de um protesto mudo (às vezes, porém, até bem alto), ou se tornam vítimas de uma coação interna de imitação, que os paralisa psiquicamente."

(Jung, C. G., OC 17, par. 154)

AGRADECIMENTOS

Aos colegas do Núcleo Quaternidade que me prestigiaram e acreditaram no meu trabalho, com presença e entusiasmo, meus agradecimentos mais sinceros. Esta trajetória percorrida com afeto e confiança não seria possível sem o crédito de vocês.

Antonia Faro, agradeço sua disponibilidade, respeito, prontidão e pontualidade no árduo trabalho de revisão. Seu dedicado apoio e assistência tornou o processo de publicação desta obra mais sereno.

Agradeço à minha família, que, de alguma maneira, me estimulou a buscar o caminho que leva ao autoconhecimento!

APRESENTAÇÃO

A vida é feita de encontros. Uma família se torna família em convivência afetiva e no pertencimento.

Há mais de 20 anos, ao buscar aperfeiçoamento para minha prática clínica, me deparei com Salete Biagioni, psicóloga de Campinas que ministrava, à época, um curso sobre terapia breve de abordagem junguiana aqui em São Paulo. O curso teve duração de três meses e ao seu término eu e outras colegas nos encontramos por muitos anos em seu grupo de estudos e de aprofundamento da psicologia analítica, o que era feito mensalmente aos domingos. Estávamos no ano 2000. Nossos encontros e trocas eram memoráveis. Estudávamos e nos divertíamos à hora do lanche, que era farto, digno de um dia de domingo. Sentia-me abastecida e humanizada naqueles encontros ricos e profundos em que nos reuníamos como profissionais para estudar a vasta obra de Jung.

Iniciamos o grupo de estudo no dia 26 de julho, data comemorativa do aniversário de Jung. Sincronicidade?

Esse grupo seguiu por longos anos. Salete criou seu Núcleo Quaternidade – Grupo de estudos avançados da psicologia de Carl Gustav Jung. Após longos anos, retomo neste grupo, agora um Núcleo, e reinicio estudos sob sua coordenação. Esse livro é fruto dos encontros de família no Núcleo Quaternidade.

E depois desse encontro nossas almas não mais se separaram.

PREFÁCIO

Na casa da vovó, no fim daquele corredor, estava a cristaleira com o aparelho de jantar que ela ganhou quando se casou com o vovô. Na gaveta da direita estavam alguns álbuns de fotos antigas, daqueles de fotos em preto e branco ainda, quando as fotos eram impressas e coladas harmoniosamente, uma ao lado da outra, contando muitas histórias.

Todas as histórias ali retratadas são histórias de família. Vemos o vovô e a vovó nas bodas de ouro, o casamento do papai e da mamãe, o nascimento do primeiro filho, o nascimento do segundo filho, a infância, a adolescência, a formatura da faculdade e tantos outros eventos. Essas histórias nos definem enquanto pessoas.

Só que... o tempo passou. Hoje as fotos ficam esquecidas num arquivo do computador. As estruturas, os valores traduzidos em mensagens e comportamentos de cada membro da família, não são mais os mesmos.

O que isso significa? Significa que tudo mudou.

Tudo piorou ou melhorou? Nenhum dos dois ou ambos. Significa, apenas, que tudo está muito diferente e que nós, psicólogos, educadores e profissionais de áreas afins, precisamos estar atualizados em relação a essas mudanças. Precisamos rever muitos conceitos e muitas posturas para podermos acessar os novos valores.

Ao falar da família como estrutura, falamos de muitas histórias, de tradições, lembranças, símbolos, amores e desamores. Falamos da estrutura primeva da nossa existência. Aquilo que nos coloca no universo. A família define quem nós somos e nos dá uma identidade de pertencimento.

Levando em conta a importância do tema da família na pós-modernidade, nos reunimos, enquanto um lugar de família – irmãs de alma – eu e Marli Tagliari, nas manhãs de sábado, no Núcleo Quaternidade de Campinas, para um mergulho profundo nessas relações.

O Núcleo Quaternidade é um grupo de estudos avançados de psicologia analítica, que prioriza a obra de Carl Gustav Jung. O símbolo da quaternidade representa uma forma de compreender a complexidade e a interconexão do mundo ao nosso redor, buscando a integração dessa complexidade numa nova ordem.

Então, eu e Marli nos reunimos para esse projeto no Núcleo Quaternidade, compartilhando uma amizade que já tem 23 anos e abrindo um espaço para as Conversas em Família. Nós formamos uma quaternidade: Marli, a Família, o nosso Grupo e eu. Nesse lugar, podemos relembrar aqueles encontros de família na cozinha da casa da vovó, com a toalha xadrez na mesa, o cheiro do café coado no coador de pano e o bolo de fubá saindo do forno. Quantas conversas, lembranças e trocas.

Com lembranças de outros tempos, precisamos falar de temas que nem sempre são agradáveis e fáceis, mas são necessários.

Quando os filhos chegam à adolescência, quantos desafios, contradições, encontros e desencontros... Aquela criança não é mais criança, mas não sei mais quem é.

Perguntamos o que foi que perdemos quando alguém da família se suicida. Como a família pode se reorganizar para enfrentar as perdas? Como sobrevivemos a elas? Quando podemos falar em perda por suicídio? Suicídio é uma possibilidade humana? A morte pode ser escolhida? São muitas perguntas sem resposta. É o vazio do silêncio da morte e da culpa.

No aconchego das lembranças de lugares de acolhimento da família, que precisa ser o lugar seguro da proteção, temos também o lugar da desproteção e da toxidade das relações, onde muitos traumas são gerados. No percurso desses caminhos tortuosos, será que é possível dessensibilizar traumas vividos na infância?

Quando o sofrimento escondido nas sombras da alma torna-se um segredo que precisa ser revelado, mas a dor é tão maior que a ferida aberta fica sangrando sem parar. Quando olhar para si mesmo é tão difícil que o melhor é fugir e apenas querer não ser, não existir ou existir na homossexualidade. Ou se esconder com a droga que entorpece.

Pensamos em famílias que precisarão reconfigurar seus diálogos e acessos com as questões de gênero. Quais serão as implicações e repercussões? Essas questões são muito importantes, para as quais a família não deve permanecer de "olhos fechados".

Além disso, sabemos que os vínculos familiares passaram, passam e passarão por mudanças significativas, pois, para alguns, a família conhecida e valorizada é a família da rede digital, com quem o indivíduo se relaciona todos os dias. Muitas vezes sua família real não oferece uma rede de afeto e contato de acordo com a necessidade presente.

A cadeira na cozinha da vovó pode estar vazia. Falta alguém ali. Aquele que foi embora e deixou seu lugar vazio de afeto na ausência do pai e os sintomas dessa presença não presente.

Nas muitas ausências contadas por aquelas fotos do álbum antigo da vovó, estão nossos entes queridos, que se foram e deixaram seu legado na história familiar. *"A curva da vida é como uma parábola projétil que retorna ao estado de repouso, depois de ter sido perturbado no seu estado de repouso inicial"* (Jung, 1984). Um sino silencioso reproduz a ausência e o luto em família para reconfigurar as relações.

Nesses oito artigos sobre temas tão importantes, Marli Tagliari nos proporciona muitas reflexões, de importância significativa para a nossa prática clínica. Esperamos que, com este trabalho, possamos contribuir com nossos colegas para ampliar mais e mais nossas Conversas em Família sobre as Famílias, com as Famílias.

Salete Marisa Dian Biagioni
Psicóloga clínica junguiana, pedagoga, docente e coordenadora da Pós-Graduação em Psicologia Analítica Junguiana com Ênfase nos Processos Criativos

SUMÁRIO

INTRODUÇÃO 19

1.
A FAMÍLIA E OS VÍNCULOS NAS REDES DIGITAIS
E A REDE NAS FAMÍLIAS..21
Como a família funciona? 24
As crianças nas famílias de hoje parecem centrais. Os pais de hoje
estão sabendo cuidar de seus filhos? 25
Como as crianças estão sendo cuidadas? 25
Mas por que então isso não acontece? 26
Como se comporta esta rede social chamada família nos dias de hoje? 27
Como a vida de família pós-moderna está se organizando no cuidado com os filhos? ... 28
Acordos entre pais e filhos com relação ao uso da tecnologia 28
Vínculos na era da conectividade: qual será o devir? 29
Qual o cenário das famílias com relação à tecnologia? 29
E por onde andará o vínculo na era da conectividade? 31
O isolamento é um pedido de socorro. Qual seu significado
no contexto de famílias adoecidas? 32
Quem então deixou a porta aberta para o isolamento? 33
Referências. 33

2.
PENSANDO FAMÍLIAS: QUESTÕES DE GÊNERO –
IMPLICAÇÕES – REPERCUSSÕES 41
Como chegamos até aqui? O antes e depois da modernidade 41
Chegamos então à família contemporânea: novas e diversas formas de "ser família"? 44
Como esses arranjos foram se formando? 45
Como classificamos as famílias na modernidade? 45
Mas, afinal, quem empurra o carrossel das transformações familiares? 46
Qual reinvindicação desses grupos se manifesta? 47
E como se configuram os novos modelos de família? 47
Os reflexos deste movimento fazem surgir nova forma de vínculo.
Em que esse novo vínculo se baseia? 49
O que está sendo gerado no seio da nova família? 50
Referências. 51

3.
ADOLESCÊNCIA: DESAFIOS, CONTRADIÇÕES, ENCONTROS E DESENCONTROS EM FAMÍLIA 53

O que vem a ser a adolescência? 56
Pode-se dizer que a adolescência é um "não lugar"? 58
Objetivo da adolescência 58
Conexão cérebro-gordura 62
Como classificar a adolescência 64
Configuração da família e a adolescência 65
E como os pais interagem com o adolescente nos dias de hoje? 65
De que maneira esse período pode ser mais bem orientado? 66
Como entendemos essa fase na pós-modernidade? 66
*Como a psicologia analítica contribui com questões
da dinâmica familiar nesse ciclo de vida?* 67
*Quais são os arquétipos estruturantes de funcionamentos
comuns a toda espécie humana?* 68
Qual a importância do arquétipo do herói no sistema familiar e para o adolescente? ... 70
Como se dá a estruturação dos arquétipos no sistema familiar com adolescentes? 71
Sistema familiar e a expressão dos arquétipos 71
O adolescente contribui para a individuação da família? 72
Referências. 73

4.
QUANDO O SUICÍDIO VISITA A FAMÍLIA: O QUE FOI QUE EU PERDI 77

Podemos entender o suicídio como sendo resultado de uma negligência silenciada? 78
E o que dizer sobre a falta de rituais? 84
Um suicídio "bem-sucedido" contamina psicologicamente outras pessoas? 85
O suicídio é visto como um comportamento causado por ações externas? 85
*O ódio ao corpo, o sadomasoquismo, a vingança e a chantagem podem ser
considerados como questões centrais do existir que levam ao suicídio?* 86
Como explicar uma crise suicida no núcleo familiar? 87
Como os familiares vivenciam uma situação de um luto diferenciado? 87
Atitudes que conduzem à ação 88
Como conversar com o adolescente com relação à prevenção do suicídio? 89
Referências. 90

5.
FAMÍLIA E RELAÇÕES TÓXICAS: DESSENSIBILIZAR
TRAUMAS VIVIDOS NA INFÂNCIA 93
O que é um trauma? Relações tóxicas traumatizam? 95
O que significa a palavra "tóxico"? O que é uma relação tóxica? 97
O que chamamos de família tóxica? 98
*Quais os comportamentos comuns num relacionamento tóxico
e como identificamos um relacionamento tóxico?* 98
Quais são os efeitos de uma relação tóxica? 99
Como se submete uma vítima e qual a repercussão disso? 100
Como se inicia um ciclo de relação tóxica? 100
Quais os sinais de um relacionamento tóxico? 101
Como tratar uma pessoa traumatizada em suas relações? 102
*Nesse sentido, como ressignificar seu lugar no mundo
e nas relações após um trauma?* 103
Qual o caminho de ressignificação de um trauma? 103
Referências. 103

6.
HOMOSSEXUALIDADE E DROGADIÇÃO:
SEGREDO E REVELAÇÃO NA FAMÍLIA 107
A visão histórica dos segredos na terapia familiar 107
Que sentimentos são desencadeados nessa dinâmica?
Os segredos engessam a família? 108
O que chamamos de segredo? E de privacidade? 109
A vergonha sobre algum fato que não nos causa orgulho motiva a formação do segredo? 110
Um segredo é vital ou problemático? 111
Quem sabe e quem não sabe? 111
E quanto às estratégias para se manter um segredo?
O que elas exigem do grupo familiar? 112
O que fazer? Guardar ou revelar? 113
Como se desenvolve o segredo em família de adictos? 114
No campo da homossexualidade: como a revelação acontece? 116
E o que dizer do silêncio? O espectro do silêncio na dinâmica familiar 118
Conteúdo específico de um segredo e a terapia familiar 118
Temos direito a ter nossos segredos? É possível não ter algum? 120
Referências. 120

7.
A CADEIRA DO PAI ESTÁ VAZIA! AUSÊNCIA DO PAI – SINTOMAS E PROBLEMAS DERIVADOS DESSA PRESENÇA: UM AMOR AO CONTRÁRIO 125

E quando isso não acontece? 127
Como surgiu a consciência de ser pai? 128
E o poder paterno? Como foi sua entrada na civilização? 129
E como se formou a consciência patriarcal? 132
Como o arquétipo do pai se expressa? 133
O que é ser um pai? 133
Qual a trajetória do papel do pai na família? 134
E o que dizer da função paterna? 135
E o pai da modernidade? 135
E o pai ausente? 136
O que é um complexo paterno negativo? 137
Vida psicológica da filha afetada pessoal e coletivamente pela ausência do pai 138
Como curamos a ausência do pai? 140
Referências 141

8.
MORTE – AUSÊNCIA – LUTO EM FAMÍLIA: UM SINO SILENCIOSO ... 145

O que é a morte e como a vivenciamos? 149
E a morte para Jung? 149
Como a humanidade lidava com o enlutamento no passado? 151
Como passou a ser vivenciada a experiência do luto e quais foram os pesquisadores pioneiros? 152
Falar de enlutamento é falar de apego? 153
E por que a proximidade se dá? 154
O que é o luto e quais os tipos de luto? 154
Entendendo o luto por meio da neurociência 155
Quais as reações atípicas com relação ao luto? 156
Como classificamos o luto e como as famílias o vivenciam? 156
Como o sistema familiar enfrenta a possibilidade da morte de um membro da família? 157
Como os familiares e o próprio paciente se comportam na iminência da morte de um parente? 157
Qual o tempo previsto de elaboração do luto? 158
Luto antecipatório e as tarefas do luto na família 159
Enfrentamento da morte na família: a família seria o paciente invisível? 159
Qual o papel do analista nesse cenário? 160
Referências 160

INTRODUÇÃO

Falar de famílias é falar de vínculos afetivos que se formam a partir das nossas vivências infantis ao lado das representações paternas e maternas ou daquelas experienciadas com os cuidadores substitutos. A família é o palco onde aprendemos a ser seres humanos, onde constituímos nossa identidade, mas, vez ou outra, pode ser um espaço de desentendimento e tensão, que nos leva a um estado de desorganização. Tal qual um sistema operacional, a família, a cada estágio do ciclo de vida, se depara com limitações que resultam, via de regra, em conflitos e pressões entre seus membros.

Paradoxalmente, é no seio da família que nos sentimos "pertencendo", nesse núcleo nos desenvolvemos, recebendo sua forte e constante influência, que irá reagir em pelo menos três gerações.

Por que isso se dá? Será por conta das regras e dos mitos familiares? Quão distante estou em relação à minha própria capacidade de mudança nesse sistema a ponto de me manter refém de minha realidade familiar?

Nesta coletânea de artigos nosso olhar esteve voltado às dinâmicas familiares em diferentes etapas do ciclo de vida, eliciadoras de crises e conflitos. Os temas aqui abordados são demandas contemporâneas que chegam em nossos consultórios pelas famílias que vêm buscar novos caminhos de relacionamento. Como psicóloga, terapeuta de casais e de família, meu trabalho estimula a aprofundar a temática sobre família, que a cada dia pede maior entendimento sobre suas dinâmicas e inter-relações.

Estudar família é um tanto complexo e muito mobilizador, um tema vivo que desperta interesse entre os profissionais e ela própria, quer seja na compreensão de seus variados formatos, funcionamentos e estágios de desenvolvimento. Nos artigos, trilhamos juntos de mãos dadas com autores importantes de várias áreas do conhecimento, os quais embasam e apoiam o entendimento da complexidade das estruturas familiares que chegam aos consultórios.

Este compilado de artigos, costurado por questões que permeiam o dia a dia da clínica, é resultado de pesquisa minuciosa sob o olhar da psicologia analítica, da psicanálise e da abordagem sistêmica, porém, sem esgotar o assunto. Tem a intenção de dialogar com terapeutas de família, estimulando o aprofundamento no conhecimento e na construção da prática clínica e que desejem, assim como eu, acompanhar as novas configurações familiares na contemporaneidade, de forma a contribuir para que novas possibilidades surjam no entendimento sobre seu funcionamento e para que diferenças e semelhanças coexistam o mais criativamente possível.

1.

A FAMÍLIA E OS VÍNCULOS NAS REDES DIGITAIS E A REDE NAS FAMÍLIAS

A estrutura familiar foi se transformando ao longo da história. Hoje em dia, a ideia que temos de família não é a mesma da de nossos avós, as mudanças estão cada vez mais rápidas, sem que haja novos valores para se colocar no lugar dos que estão sendo questionados. A família pré-moderna estava instituída pelo modelo patriarcal.

Percorrendo a linha do tempo no contexto de minha família, o núcleo familiar era formado por pai, mãe e um irmão mais velho. A divisão de papéis e funções entre meus pais era clara: meu pai exercia toda a autoridade e poder, sendo o provedor da família e dos limites, enquanto minha mãe era dona de casa.

Na época da minha infância e juventude, o avanço eletroeletrônico chegava com força. O rádio de ondas curtas AM já existia, mas tinha pouca qualidade de som. O rádio criava contatos e histórias desde 1930. Na década de 1950, geladeira e TV em preto e branco (sem controle remoto) eram artigos importados. Meu pai comprou uma televisão muito tempo depois de ela ter sido lançada no mercado. Eram muitas as minhas fantasias infantis, "Se eu tivesse uma...".

Na minha família, meu pai era quem decidia por nós – não opinávamos sobre o que queríamos. As metas das famílias da época eram claras, baseadas no valor do trabalho, do respeito, da autoridade e da hierarquia. Na minha família não havia acordos, não se faziam pedidos. Vivíamos o tempo das verdades e das certezas absolutas.

Naquela época, íamos para a escola somente aos 7 anos, então o convívio familiar era exclusivo até essa faixa etária. A rede social era formada pelos vizinhos e primos, e a maioria das crianças brincavam na rua.

No meu bairro, poucas famílias tinham televisão. Então, ficava combinado que, a partir de certa hora da tarde, as crianças que não tivessem TV iriam à casa dos amigos para assistir aos programas infantis, mas sempre com a permissão do pai do vizinho.

Eu não sabia que aquele compartilhamento tinha força de interação e de diversão. Para quem tivesse geladeira, era uma farra. A mãe hospedeira do grupo fazia sorvete de limão, que nada mais era que uma limonada congelada. Se não tivesse, era pipoca mesmo!

Lembro que a programação da emissora de TV começava às 6h da manhã e era desligada às 9h da noite. Tinha um jingle de um bonequinho vestindo um camisolão de flanela, que dizia: "Já é hora de dormir, não espere mamãe mandar. Um bom sono pra você e um alegre despertar"[1].

Eu me lembro de ficar bem triste, porque assistir à TV era uma distração para mim.

Também lembro que circulava uma preocupação entre os adultos sobre os perigos da irradiação dos tubos da TV na visão das crianças. Aqui eu já estou falando sobre família e sua organização, porque é no mundo intergeracional da nossa família que nos constituímos como seres sociais e o nosso comportamento é reconhecido sob a lente da organização e funcionamento desse sistema de relações.

Minha família com dinâmica endogâmica me ensinava que a convivência com o outro fora do núcleo familiar poderia ser um risco ao que estava pré-estabelecido: mostrava a dificuldade do meu pai e de minha mãe em aderir a novas construções relacionais. Essas memórias eu trago em minha mochila relacional. Quando penso na minha família, tenho percepções autorreferentes, porque falo e construo a partir do meu contexto. Eu não posso dizer o que foram para mim aqueles encontros, porque eles não ocorreram. Também não consigo dizer o que teria sido se eu tivesse tido essa experiência relacional infantil, mas sim o que eu fiz com isto: fui buscar respostas a partir dessa lacuna de carência de oportunidades, vínculos e conhecimento e formar minha rede de relações a partir dos interesses que nasceram como resultado das vivências e não vivências reconhecidas dentro de mim.

Essa realidade vive dentro de mim ainda hoje, eu converso com ela todos os dias, mas ela me abriu possibilidades de fazer diferente dentro da família que construí.

Bem, voltando ao contexto social da época, o movimento sociocultural continuou com força, vindo na esteira das mudanças tecnológicas, científicas e sociais. A globalização acelerada das informações na década de 80 facilitou a produção do conhecimento e da comunicação mundial.

---
[1] Comercial dos cobertores Parahyba, 1961.

Neste momento, começa o período das incertezas e da relatividade das informações. Essas mudanças macrossociais influenciaram muito o espaço microssocial das famílias, que começou a mudar. Eis um ponto muito importante: a transformação que vemos hoje é o resultado da gradativa e contínua transformação das décadas passadas, alterando imensamente nosso cotidiano e as nossas relações, exigindo das famílias sua reinvenção.

Na família moderna, a mulher tinha seu papel muito bem definido na maternidade. Já a família contemporânea é regida pelo poder feminino. Estamos vivendo uma maternagem insuficiente, afetando a constituição das crianças e adolescentes. Parece que está havendo uma perda de autoridade nas famílias. Vivemos um mal-estar contemporâneo.

Mas como está a família contemporânea? Ela se conecta com sua história? Afinal, o que é família?

Entendemos a família como um conjunto de pessoas que convivem e têm a função de cuidar dos seus, mas que precisam ser cuidadas também. Ela é um conjunto de relações interiorizadas, refletidas no sistema emocional de pelo menos três gerações, uma unidade de grupo em que se desenvolvem relações distintas: de casal, de filhos, de irmãos, tudo isso acontecendo junto.

O maior valor da família se mantém nos relacionamentos que são insubstituíveis até porque, se alguém da família vai embora ou morre, outra pessoa pode preencher essa lacuna, mas nunca substituí-lo. Outra função importante seria a de proteger e nutrir os filhos, que vão sendo influenciados pelo desenvolvimento emocional de todo grupo familiar, pois desde meu nascimento estou "preso" num contexto com a finalidade de garantir sua coesão e sua permanência, por meio da forma como fui esperado, olhado, acolhido ou não, pelo nome que me deram, pelas regras e pelos mitos da família. Cada família é única, mas sempre foi e continua sendo a principal promotora da saúde mental dos seus membros.

Há um paradoxo contido na sua definição, que diz respeito ao seguinte: a família conserva, mas se modifica.

A força da família sempre esteve a cargo de sua perpetuação, a partir da contínua transmissão entre as gerações de mitos e crenças familiares, segundo seus valores éticos, religiosos e culturais, mas hoje isso está mudando. Os valores relacionais não foram substituídos, simplesmente desapareceram. Essa construção deverá ser feita.

Como a família funciona?

A família se mantém unida por meio de funções mutuamente reforçadoras. Trata-se de nossa primeira referência no processo de socialização, no sentido de que me torno um ser social capaz de reconhecer direitos e deveres impressos naquele núcleo e vou me tornando capaz de fazer escolhas e respondendo a elas nos códigos relacionais daquela família. Eu recebo e integro seus valores a partir dos costumes. Um exemplo disso é quando eu comento que não me foi permitido interagir socialmente, eu reconheço isso em minha educação como grande dificuldade relacional.

A família é um espaço para a construção de identidade do sujeito, lugar onde ele se identifica, sabe quem é, quais são suas origens, com quem se parece e de quem se diferencia. Ela representa o espaço em que se desenvolve a noção do pertencimento e da individuação: outro paradoxo.

À medida que o indivíduo se desenvolve, vai entrando em contato com outras instituições sociais, como escola e clube, que irão corresponder aos valores que determinada família expressa. Nesse sentido, a família é um campo importante de análise sobre a permanência e a mudança de padrões culturais e sociais. Funciona como um termômetro em que comportamentos diferentes dos padrões esperados de algum membro questionam a família como instituição.

É bom lembrar que o jovem é a figura que empurra o grupo família para a frente, para não estagnar. Assim sendo, é comum haver críticas dos valores antigos da família vindos dos pais ou avós, porque o jovem tem a função de renovar a tradição ou reformular os valores. São levantadas questões sobre: quem tem razão? Como eu "ouço" o que pode e o que não pode? Afinal, quais são os acordos possíveis de serem feitos? Os mais velhos continuarão a exigir a "piedade filial"?

Além disso, deve-se considerar o impacto das famílias no desenvolvimento econômico e político ou como lugar de conflitos ou problemas. As diferenças de condições de vida e cultura da região em que a família vive são uma fonte de dados para as programações de políticas públicas e do grau de desenvolvimento econômico e social da população daquele lugar. A partir disso, tenho percepção do que preciso: se é água encanada, esgoto ou associação de pais. Nesse sentido, pode ser uma área de conflito na articulação entre identidades e normas, projetos pessoais, estilo de vida.

As crianças nas famílias de hoje parecem centrais. Os pais de hoje estão sabendo cuidar de seus filhos?

É importante refletirmos se os pais reconhecem que seus filhos precisam ser cuidados. Quais sacrifícios serão capazes de fazer para terem uma família saudável? O que é desejado e não desejado dentro do núcleo familiar? Vale lembrar que há uma grande diferença entre o que será permitido ou não: ou seja, se o lugar de poder cederá ao de possibilidades.

Em vista dessa nova visão de possibilidades, defendemos o que é desejável, em relação ao grupo família, de maneira que possam refletir em conjunto e avaliar possibilidades. Para que isso aconteça, é preciso haver um entendimento entre os pais, que favoreça a construção de um ambiente seguro e criativo para os filhos. Regras explícitas delineiam a confiança e confirmam que o grupo família segue junto e em ressonância.

A comunicação das regras propostas pela família irá reverberar em outras relações sociais. Cuidar do que é possível fazer, sem invadir ou proibir a expressão do outro, é um grande passo em busca da alteridade. A insegurança e os desejos conflitantes nos vínculos humanos, entre apertar os laços ou afrouxá-los, faz com que os encontros se tornem cada vez mais descartáveis, ainda que as pessoas estejam loucas para 'relacionarem-se". Vivemos num mundo individualizado, em que os relacionamentos prolongados parecem colocar em risco a liberdade desejada. Há um enorme receio de que uma relação de longo prazo nos aprisione. Será que ficar desengajado diminui o risco? Tema para reflexão!

Como as crianças estão sendo cuidadas?

Parece que os filhos hoje em dia são quem ditam as regras. Mas os pais sabem "ouvir NÃO"?

É comum os pais dizerem que os filhos estão sempre dizendo não. Mas eles aguentam o NÃO? Qual o significado do NÃO para esses pais? Será que estamos dando condições para nosso filho adquirir confiança em suas decisões? Qual a consequência se não dermos?

Seria importante que os pais pudessem refletir sobre o que motiva o NÃO do filho e pensar como anda o seu relacionamento com ele. Será que a gangorra dos relacionamentos está equilibrada? Se não estiver, há um grande risco de afastamento, de distância psicológica como tentativa de redefinir papéis. As famílias com adolescentes têm muita dificuldade de flexibilizar as fronteiras e apoiar a independência dos filhos. É um período em que o relacionamento pai-filho se modifica. O que acontece que não conseguimos estar juntos em família? Quando estamos, são momentos alegres? Criativos?

Mas por que então isso não acontece?

Desenvolver a função materna ou paterna hoje não é mais uma questão de gênero, e sim desejo de cuidar. A função materna de oferecer colo, espelhar o filho, acolher, nutrir e a função paterna de colocar limites, organizar, direcionar o que é possível e o que não é possível não é mais uma função, e sim deve acontecer pelo desejo de CUIDAR. A autoridade dá lugar ao afeto. Na família atual, a ligação afetiva é o que mantém o vínculo e não mais a autoridade. Então, para se formar um vínculo, é necessário um padrão de interação de afeto entre pessoas, suficiente para proporcionar a construção de compartilhamento e de força vincular.

Hoje os pais terceirizam muito os cuidados com os filhos. Os pais de hoje têm outros interesses que não só o de educação e compartilhamento com eles. Será que os pais de hoje têm a clareza de como querem cuidar, para além de suprirem os filhos de bens materiais? Estamos vendo um aumento do número de crianças cuidadas por funcionários/atividades escolares/educativas em período integral, o que não deixa de ser uma terceirização da tarefa de educar, em que as crianças crescem numa estrutura familiar ampliada, dificultando a satisfação de suas necessidades afetivas, emocionais e sociais.

Vemos famílias desligadas, desconectadas, sem constância de interação com os filhos. Como andam os vínculos familiares? Em que nível de interação nas relações interpessoais a família se enquadra hoje?

A família como núcleo biopsicossocial é uma rede de práticas educativas, com singularidade de interação. O questionamento sobre o modo como fui cuidado e atendido em meus pedidos pode ajudar a clarear o caminho de construção dos aprendizados dentro da família.

Questões que me permitam refletir sobre se a educação que recebi era inclusiva ou se havia espaço para as diferenças pode ajudar a entender a dinâmica familiar. A partir desses questionamentos posso repensar minha maneira de me vincular.

Toda vinculação se forma pelos laços emocionais entre os pais e os filhos, desde seu nascimento e nas fases do desenvolvimento. Por exemplo, se pensarmos numa criança vinculada a um amigo da escola, quando a família muda de cidade, essa criança perde o vínculo de amizade. É comum os pais dizerem ao filho: "Você fará novas amizades", sem reconhecerem a dor da perda. Dessa maneira, esses pais incentivam os filhos a não sentirem, a não vincularem. Aqui o aprendizado é do vínculo que não perdura. Então para que cuidar dele?

Estamos vendo uma deficiência enorme nos níveis de interação na família, que estão projetados na tecnologia. Não será esse um reflexo do que foi construído anteriormente nas relações de família? Como será que esses pais foram cuidados? Quais posturas alimentam e mantém esse distanciamento? Os vínculos se formaram com reciprocidade, com hierarquia, com abandono ou com alteridade?

É inegável que mudanças nas últimas décadas, influenciadas por internet, celulares e tablets, incidem fortemente na estrutura de novas formas de compartilhamento.

Como se comporta esta rede social chamada família nos dias de hoje?

Parece que cada configuração de família responde de forma singular, uma vez que nela se constitui um conjunto de reações interpessoais. Podemos pensar numa família com a ausência de um dos pais, numa família onde há conflitos entre o casal, numa família onde há muita interferência de outros membros da família, por exemplo, avós que invadem e que questionam as regras do casal.

A abordagem da rede social chamada família implica que o grupo irá se responsabilizar por encontrar soluções para um problema. A pergunta que emerge é: isso está acontecendo?

Uma "rede" ou parceria serve de matriz tanto para conectar como para desconectar: não é possível imaginá-la sem as duas possibilidades. Uma rede sugere momentos de conexão, intercalados por períodos de desconexão, ou seja: minha família é compreensiva em relação a eu desfrutar momentos a sós? Ela solicita muito? Nesse caso, a desconexão pode ser o espaço de que se precisa para crescer.

Como a vida de família pós-moderna está se organizando no cuidado com os filhos?

Somos marcados pela forma como fomos cuidados. Essa é nossa herança transgeracional. A caraterística atual da família contemporânea parece estar marcada pela ausência de conexão com a criança ou o adolescente, o que nos instiga a questão: *o que será que acontece ou não acontece para a formação do vínculo de proximidade e interesse entre pais e filhos?*

Do que quero cuidar? Como entendi o ato de cuidar dos meus pais? Sofri maus tratos ou fui negligenciado? Fui educado por babás? Qual sentimento eu internalizei?

A geração de hoje se mostra inquieta e ansiosa, é uma geração marcada pelo abandono emocional. É comum os pais, aos serem questionados sobre os anseios em relação aos seus filhos, dizerem: "Quero que eles sejam felizes!". Mas, afinal, a felicidade se adquire ou se cultiva?

Deixar as crianças aos cuidados de terceiros é de certo modo não compreender a relevância do cuidado parental. Esse abandono assistido está gerando questões que a longo prazo podem colocar em risco a vida dessas crianças na fase adolescente.

Hoje, os filhos adolescentes se ressentem da presença viva dos pais de fazerem atividades juntos. Esses pais, que podem ter sido negligenciados na infância com seus pais em nome do desenvolvimento financeiro, de acumular bens, não percebem que eles próprios facilitam o isolamento desses filhos, que não conseguem contar com os pais para decisões mais difíceis. Uma lacuna fica aberta, um hábito se implanta.

A tecnologia se tornou um novo membro nas famílias, inserida entre pais e filhos. O desafio é a família cuidar afetivamente de sua inter-relação com interesse, participação e empatia.

Crianças e adolescentes expostos excessivamente à tecnologia são menos tolerantes ao contato social, que está prejudicando a capacidade de autorregulação do seu desenvolvimento emocional.

Acordos entre pais e filhos com relação ao uso da tecnologia

Quem deve ser o mediador entre a tecnologia e o "estar com" são os pais. Mas será que esses pais estão dispostos a interagir? Que atividades eles propiciam aos filhos?

A condição mais viável é a negociação e não a proibição. Acordos podem ser feitos no sentido de valorizar a presença um do outro. A criança e o adolescente não devem perder o estímulo de pensar e argumentar, ainda que testemunhemos hoje um aumento de estímulos passivos nas redes digitais.

Vínculos na era da conectividade: qual será o devir?

A ideia de família com pai, mãe e filhos vivendo sob o mesmo teto que perdura até hoje surgiu com a Revolução Industrial, no final do século XVIII, substituindo o modelo da família nuclear extensa, em que a família era composta de pai, mãe, filhos, avós, agregados e empregados. O trabalho, que era quase exclusivo no campo, foi deslocado para as grandes cidades, e as inovações tecnológicas colaboraram para a mudança dos hábitos e do consumo das famílias, impactando a psique e o corpo ao retirar o indivíduo da natureza e o colocar diante das máquinas em seus movimentos repetitivos. Isso motivou Laban (1941) a desenvolver uma coreografia a partir da dança, a fim de minimizar os efeitos de empobrecimento não somente no corpo, como também na psique dos indivíduos.

A partir de 1970, com a ida do homem à Lua, uma nova era de conectividade teve início e vieram videocassetes, transmissões via satélite, fax, scanners, o celular e a internet. As fronteiras entre o mundo real e o virtual ficaram menores. A linguagem digital foi ganhando espaço e se tornando mais importante do que a fala e a linguagem corporal.

Qual o cenário das famílias com relação à tecnologia?

A presença da tecnologia em todos os campos de convívio hoje é uma realidade. Como consequência dessa influência, assistimos a um distanciamento intra e interpessoal, influenciados também pela pandemia da COVID-19, em 2020, que mudou radicalmente os hábitos de encontros presenciais.

Vemos mães e pais preocupados com os filhos que não interagem, a não ser via celular, tablets e jogos virtuais. As pessoas preferem estar conectadas às redes digitais cada vez mais e com maior resultado de busca e rapidez. Todos nós nos valemos do WhatsApp com câmera, do Google Meet, do Zoom e do Skype.

Se formos programar uma viagem, evidentemente o faremos com a análise prévia do tempo via celular para escolher a roupa que iremos levar. Recordo que há alguns anos, ao ter saído de uma apresentação de monografia na Universidade de São Paulo (USP), fui caminhando e sinalizando aos táxis que passavam (assim era o chamado antigamente) e nenhum parava. Eu comecei a estranhar. Fiz uma ligação de meu celular para uma colega que esteve comigo no encontro e disse: "Não estou conseguindo nenhum táxi na região. Você sabe o que está acontecendo?". Ela perguntou: "Onde você está? Vou programar um Uber para você". "O quê? Uber?", agradeci e, ainda com o celular no ouvido, um carro parou e o motorista perguntou se eu havia feito uma chamada. Ufa, entrei e fui comentando com o motorista: "Nossa, que dificuldade de encontrar táxi". Ele me disse: "*Nós recebemos* chamados via aplicativo". Eu baixei o meu em seguida. O celular substituiu o gesto com a mão: "Pare! Quero fazer um percurso!".

Minha colega recomendou: "Marli, avise quando chegar". Foi seu modo de preservar a relação de cuidado.

A vivência online requer cuidado, porque o mundo virtual é atraente, na palma de nossa mão.

Esse mundo pode nos levar a imaginar um mundo ideal que só encontramos nas redes, diferente do mundo real, onde somos desafiados a ultrapassar nossas dificuldades vinculares e psicológicas. Num futuro próximo, teremos famílias diferentes: com poucos membros, tios e primos serão raros, se não desaparecerem, a adoção de animais aumentará e haverá novas formas de união e de comunicação. A família do futuro não será baseada na consanguinidade, mas nas afinidades. Consideraremos uma "irmã" alguém que conhecermos nas redes digitais.

Há muitas críticas quanto ao uso da internet e um medo de que essa ferramenta substitua as relações reais, mas os relacionamentos virtuais também podem ser solidários, intensos e direcionar a laços de amizade e companheirismo. Pudemos experienciar movimentos solidários pelas redes digitais com relação ao isolamento no período da pandemia de COVID-19. Por exemplo, um idoso que esteja privado de locomoção pode se beneficiar por uma chamada de vídeo do familiar.

Mas há controvérsias: Bauman (2011) coloca que vivemos o contrário à chamada modernidade sólida, em que as relações eram duradouras, em busca de cuidado e tradição. Na modernidade sólida, havia mais confiança nas instituições e as relações humanas eram mais sólidas, ao passo que, na modernidade líquida, há fragilidade dos laços e das instituições. Bauman entende que os equipamentos eletrônicos multiplicam encontros que podem ser superficiais ou descartáveis.

Parece que as relações virtuais protegem o anonimato. Quando conversarmos virtualmente com alguém, caso algo gere desconforto, deletamos ou nos desconectamos. Há uma ilusão de corrermos menos risco, mas a perda real é a diminuição de construções de confiança.

A linguagem rápida do tempo veloz em que vivemos é o descarte, sem aprofundamento. *É comum em consultório ouvirmos* casais que brigam deletarem os posts das redes sociais.

E por onde andará o vínculo na era da conectividade?

A chegada da tecnologia com toda essa força reflete na dinâmica das famílias que não têm acesso à tecnologia. O ensino a distância é um dos fatores que afeta muito a população em idade escolar que não utiliza internet em ambiente privado, ou adolescentes com equipamentos inadequados ou em uma casa com mais de um filho e um só equipamento.

A questão que se coloca é: como então faremos interações num núcleo que está se encontrando cada vez menos? Voltamos à velha discussão: como eu aprendi a me relacionar? Ou eu aprendi a não me relacionar? Que modelo de família eu desejo? O que acontece então?

Parece que algumas famílias se desconectam da interação presencial com o seu núcleo e outras buscam encontrar o modo mais adequado de usar a tecnologia, sem tanto prejuízo relacional.

Teremos de nos entender com nossos padrões aprendidos na infância, que nem sempre foram somente de cuidados, mas possivelmente de descuido e maus tratos.

Estamos presenciando uma geração de filhos afastados de seus pais. Será que deveríamos nos perguntar como criar um espaço interno para construirmos um tempo de qualidade? Que espaço seria esse?

A resposta que não quer calar é: espaço de AFETO.

Afeto e amorosidade. O toque, a presença, o estar junto neutraliza a influência do risco da perda do contato pessoal e afetivo. São os afetos que permitem a construção da existência humana pelo desejo de estarmos junto, de sermos reconhecidos.

As famílias agregaram a internet como ferramenta facilitadora do dia a dia como mais uma evolução dos processos de comunicação, mas precisam lidar com as inseguranças, dúvidas e dificuldades causadas na aquisição desses recursos. As redes sociais passam a ser imprescindíveis no século XXI. Pesquisadores acreditam que a conexão com o mundo virtual tem a ver com a relação existente entre a sociedade, a cultura e a tecnologia, fazendo emergir a nova geração técnica no mundo digital, lembrando que a *técnica seria criar um manejo para se lidar com a tecnologia, enquanto tecnologia é uma renovação contínua em nosso modo de viver.*

Adolescentes que vivem uma realidade de não haver diálogo em suas próprias casas, a ponto de não serem ouvidos, são levados a compensarem essa falta na comunicação digitalizada. Pode acontecer de o filho fingir ouvir o sermão e não escutar a mensagem, porque está ouvindo música com o fone de ouvido.

Estamos inaugurando o exílio virtual. Um mundo dentro de um aparelho que denuncia um fosso enorme nas casas dos usuários, pois as redes estão sempre lá! Mas não se sabe se um pai e uma mãe estarão.

Nessa configuração, sair das redes é trocar o certo pelo incerto, trocar a relação pela não relação, é ficar de fora, é não compartilhar medos e ansiedades.

A família como um todo está isolada!

Esses desafios são originados no campo das emoções deseducadas e adoecidas. As famílias que têm crianças ou adolescentes em risco precisam cuidar de sua "casa interior", onde provavelmente deve haver lugares não habitados e outros superlotados.

O isolamento é um pedido de socorro. Qual seu significado no contexto de famílias adoecidas?

O isolamento nem sempre é uma escolha. Quem se isola carrega consigo dores e desproteção. É uma denúncia de que algo não vai bem. Pode simbolizar uma forma de chamar a atenção sobre algo que a família não quer ver, portanto, se isolar é se proteger para sobreviver ao sofrimento psíquico. O isolamento num lugar da casa, geralmente o quarto, é só um lugar físico, uma UTI psicológica.

Seria útil perguntar ao adolescente: *como vai seu coração?*

O adolescente vai preferindo as redes digitais pelas sociais. É bem verdade que estão em busca de um grupo de pertencimento, onde possam ser reconhecidos em "suas" solidões. Surge o alerta: há grupos que combinam de se lesar juntos, grupos que falam de como querem morrer.

Algo importante deve ser assimilado: as redes por si só não adoecem, mas as formas subjetivas pelas quais se experimenta as redes, os jogos eletrônicos e as amizades tóxicas, sim.

Quem então deixou a porta aberta para o isolamento?

Provavelmente, a falta de significado da própria vida, derivada da solidão e da ausência de espelhamento. A percepção de não ser validado no ambiente familiar pode significar desvalorização, sensação de não ter importância. É a antessala da desvalorização completa do EU, identificada como apatia, oscilação de humor, baixa autoestima. Com frequência pode evoluir para a somatização: bulimia, espasmos, dor de estômago, agressividade, anorexia, transtorno obsessivo-compulsivo (TOC).

A depressão aponta que sentimos o que não sentimos.

O próximo passo é a dor do vazio, que nos leva a um tempo e a um espaço que dificulta a vida. Os pais e os filhos estão fisicamente ligados, mas sem uma relação interpessoal profunda.

Os pais têm a chave na mão. É preciso que eles queiram fechar a porta do isolamento.

Referências

Ariès, P. (1986). História Social da criança e da família. 2a ed. Rio de Janeiro: Guanabara. In Ponciano, E. L. T., & Féres-Carneiro, T. (2003). Modelos de família e intervenção terapêutica. *Interações, 8*(16).

Bauman, Z. (2004). *Amor líquido; sobre a fragilidade das relações humanas.* (Trad. Carlos Alberto Medeiros). Rio de Janeiro: Jorge Zahar.

Bauman, Z. (2011). *44 cartas do mundo líquido moderno.* Rio de Janeiro: Zahar.

Cacciacarro, M. F. (2013). A arte de educar: a tarefa de transmitir valores sob a perspectiva parental (Monografia). Pontifícia Universidade Católica de São Paulo, São Paulo. In Cacciacarro, M. F., & Macedo, R. M. S. de. (2018). A família contemporânea e seus valores: um olhar para a compreensão parental. *Psicol. rev. 24*(2). DOI - 10.5752/P.1678-9563.2018v24n2p381-401.

Carter B., & Mcgoldrick, M. (1995). *As mudanças no Ciclo de Vida Familiar – uma estrutura para a terapia familiar*. 2a ed. Porto Alegre: Artmed.

Casey, J. (1992). História da família. São Paulo: Ática (Série Fundamentos). In Ponciano, E. L. T., & Féres-Carneiro, T. (2003). Modelos de família e intervenção terapêutica. *Interações, 8*(16).

Castiel. A. (2021). O impacto da tecnologia no contexto de casal e da família. In Benedito, V. L. di Y. (Org.). *Desafios à terapia de casal e de família Olhares Junguianos na clínica contemporânea*. São Paulo: Summus.

Cerveny, C. M. de O., & Berthoud C. M. E. (1997). *Família e Ciclo Vital – Nossa realidade em pesquisa*. São Paulo: Casa do Psicólogo.

Cerveny, C. M. de O., & Berthoud, C. M. E. (2009). Ciclo vital da família brasileira. In Osório, L. C., & Valle, E. P. do (Orgs.). *Manual 1 de terapia familiar*. Porto Alegre: Artmed.

Cerveny, C. M. O., & Berthoud, C. M. E. (2010). Visitando a família ao longo do ciclo vital. 3a ed. São Paulo: Casa do Psicólogo. In Cacciacarro, M. F., & Macedo, R. M. S. de. (2018). A família contemporânea e seus valores: um olhar para a compreensão parental. *Psicol. rev., 24*(2). DOI - 10.5752/P.1678-9563.2018v24n2p381-401.

Cerveny, C. M. D. O., & Kublikowski, I. (1998). O eu e o elo: a história de uma herança. Revista da Associação Brasileira de Psicologia de Grupo, 7, 7-15. In Cacciacarro, M. F., & Macedo, R. M. S. de. (2018). A família contemporânea e seus valores: um olhar para a compreensão parental. *Psicol. rev., 24*(2). DOI - 10.5752/P.1678-9563.2018v24n2p381-401.

Costa, B. (1991). A família descasada: uma nova perspectiva. Psicologia: teoria e pesquisa, 7, 229-246. In Oliveira, D., Siqueira, A. C., Dell'Aglio, D. D., Lopes, R. de C. S. (2008). Impactos das configurações familiares ao desenvolvimento da criança e do adolescente. *Interação em Psicologia, 12*(1).

Costa, L., & Fères-Carneiro, T. (1991). Reorganizações familiares. As possibilidades de saúde a partir da separação conjugal. Psicologia: Teoria e pesquisa, 7, 229-246. In Oliveira, D., Siqueira, A. C., Dell'Aglio, D. D., Lopes, R. de C. S. (2008). Impactos das configurações familiares ao desenvolvimento da criança e do adolescente. *Interação em Psicologia, 12*(1).

Costa. M. I. M., & Perroni, S. C. (2010). Família Homoparental: o que pensam alguns Profissionais representantes das Ciências Humanas? In Montoro, G. C. F., & Munhoz, M. L. P. (Orgs). *O desafio do amor: Questão de sobrevivência*. São Paulo: Rocca.

CRP-SP. (s.d.). Psicologia e relações de gênero e sexualidade. http//www.crpsp.org.br/portal/comunidade

Cunha, G., Guimarães, E. S. C., & Mourão, R. (2008). Resgatar a autoridade parental: Educar pais e filhos. In Macedo, R. M. S. (Org.) *Terapia familiar no Brasil na última década*, São Paulo: Rocca.

Donzelot, J. (1986). A polícia das famílias. 2a ed. Rio de Janeiro: Graal. In Ponciano, E. L. T., & Féres-Carneiro, T. (2003). Modelos de família e intervenção terapêutica. *Interações*, 8(16).

Engels, F. (1984). *A Origem da família da perspectiva privada e do Estado*. (Trad. Leandro Konder). Rio de Janeiro: Civilização Brasileira.

Fachin, R. (2001). Em busca da família do novo milênio: Uma reflexão crítica sobre as origens históricas e as perspectivas do Direito de Família brasileiro contemporâneo. Rio de Janeiro: Renovar. In Oliveira, D., Siqueira, A. C., Dell'Aglio, D. D., Lopes, R. de C. S. (2008). Impactos das configurações familiares ao desenvolvimento da criança e do adolescente. *Interação em Psicologia*, 12(1).

Falke, D., & Wagner, A. (2014). A dinâmica familiar e o fenômeno da transgeracionalidade: Definição e conceitos. In Wagner, A. (Org.). *Como se perpetua a transmissão dos modelos familiares?* Porto Alegre, EDIPUCRS.

Féres-Carneiro T. (1992). Família e saúde mental. Psicologia Teoria e Pesquisa, 8. In Oliveira, D., Siqueira, A. C., Dell'Aglio, D. D., Lopes, R. de C. S. (2008). Impactos das configurações familiares ao desenvolvimento da criança e do adolescente. *Interação em Psicologia*, 12(1).

Féres-Carneiro, T. (1998). Casamento contemporâneo: O difícil convívio da individualidade e da conjugalidade. *Psicologia Reflexão e Crítica*, 11.

Flandrin, J. L. (1995). Famílias, parentesco, casa e sexualidade na sociedade antiga. 2a ed. Lisboa: Editorial Estampa. In Ponciano, E. L. T., & Féres-Carneiro, T. (2003). Modelos de família e intervenção terapêutica. Interações, 8(16).

Ferreira, H. M. (2022). *A geração do quarto: quando crianças e adolescentes nos ensinam a amar*. Rio de Janeiro: Record.

Figueira, C. W. F. (2002). Mãe é uma só? Reflexões em torno de casos brasileiros. Psicologia USP, 13, 49-68. In Oliveira, D., Siqueira, A. C., Dell'Aglio, D. D., Lopes, R. de C. S. (2008). Impactos das configurações familiares ao desenvolvimento da criança e do adolescente. Interação em Psicologia, 12(1).

Giddens, A. (1993). A transformação da intimidade: sexualidade, amor e erotismo nas sociedades modernas. 2a ed. São Paulo: Editora da Universidade Estadual Paulista. In Ponciano, E. L. T., & Féres-Carneiro, T. (2003). Modelos de família e intervenção terapêutica. Interações, 8(16).

Goldani, A. M. (1994). As famílias brasileiras: mudanças e perspectivas. Cadernos de Psicologia, 91, 7-22. In Oliveira, D., Siqueira, A. C., Dell'Aglio, D. D., Lopes, R. de C. S. (2008). Impactos das configurações familiares ao desenvolvimento da criança e do adolescente. Interação em Psicologia, 12(1).

Gomide, P. I. C. (2011). Pais presentes, pais ausentes: regras e limites. 10a ed. Petrópolis: Vozes. In Cacciacarro, M. F., & Macedo, R. M. S. de. (2018). A família contemporânea e seus valores: um olhar para a compreensão parental. *Psicol. rev.*, 24(2). DOI - 10.5752/P.1678-9563.2018v24n2p381-401.

Grzhowski, L. (2002). Famílias Monoparentais, Mulheres divorciadas chefes de famílias. In Wagner, A. (Org.). *Família em cena: Trauma, dramas e transformações*. Petrópolis: Vozes.

Kobarg, A. P. R., Sachetti, V. A. R., & Vieira, M. L. (2006). Valores e crenças parentais: reflexões teóricas. Revista Brasileira de Crescimento e Desenvolvimento Humano, 16(2), 96-102. In Cacciacarro, M. F., & Macedo, R. M. S. de. (2018). A família contemporânea e seus valores: um olhar para a compreensão parental. *Psicol. rev.*, 24(2). DOI - 10.5752/P.1678-9563.2018v24n2p381-401.

Macedo, R. (2008). Pesquisa qualitativa com famílias e casais. In Guerreiro, I. C. Z., Schimidt, M. L. S., & Sucker, F. (Orgs.) Ética nas pesquisas em Ciências Humanas, Sociais e na saúde. São Paulo: Aderaldo e Rothschild.

Martins Filho, J. (2012). A criança terceirizada: os descaminhos das relações familiares no mundo contemporâneo. 6a ed. Campinas: Papirus. In Cacciacarro, M. F., & Macedo, R. M. S. de. (2018). A família contemporânea e seus valores: um olhar para a compreensão parental. *Psicol. rev.*, 24(2). DOI - 10.5752/P.1678-9563.2018v24n2p381-401.

McGoldrick, M. (2003). *Novas abordagens da terapia familiar: raça, cultura e gênero na prática clínica*. São Paulo: Rocca.

Minuchin, S. (1982). *Famílias: Funcionamento e tratamento*. Porto Alegre: Artmed.

Morici, A. C. (2008). Pós-modernidade: novos conflitos e novos arranjos familiares. In Macedo, R. M. S. (Org.) *Terapia familiar no Brasil na última década*, São Paulo: Rocca.

Nichols, M. P., & Scwartz, R. C. (2007). *Terapia Familiar: Conceitos e Métodos*, (Tradução de M. A. Veronese). 7a ed. Porto Alegre: Artmed.

Osório L. C. (2002). Casais e famílias: Uma visão contemporânea. Porto Alegre: Artmed. In Oliveira, D., Siqueira, A. C., Dell'Aglio, D. D., Lopes, R. de C. S. (2008). Impactos das configurações familiares ao desenvolvimento da criança e do adolescente. *Interação em Psicologia*, 12(1).

Osório, L. C. (2011). Novos rumos da família na contemporaneidade. In Osório, L. C., & Valle, M. P. do. *Manual de terapia familiar*. (Vol II). Porto Alegre: Artmed.

Perel, E. (2002). Uma visão turística do casamento. In Papp, P. (Org.). *Casais em perigo: novas diretrizes para terapeutas*. Porto Alegre: Artmed.

Perrot, M. (1993). O nó e o ninho. São Paulo: Abril. In Oliveira, D., Siqueira, A. C., Dell'Aglio, D. D., Lopes, R. de C. S. (2008). Impactos das configurações familiares ao desenvolvimento da criança e do adolescente. *Interação em Psicologia*, 12(1).

Ponciano, E., & Féres-Carneiro, T. (2001). Diversidade de fontes de inspiração: uma perspectiva histórica na terapia de família. *Psico.*, 32(2) 131-147.

Ramires, V. R. R. (2002). O amor e suas vicissitudes. As concepções das crianças e dos adolescentes (Tese de Doutorado). Pontifícia Universidade Católica de São Paulo, São Paulo. In Oliveira, D., Siqueira, A. C., Dell'Aglio, D. D., Lopes, R. de C. S. (2008). Impactos das configurações familiares ao desenvolvimento da criança e do adolescente. *Interação em Psicologia*, 12(1).

Ramires, V. R. (2015). As transições familiares: A perspectiva de crianças e pré-adolescentes. Psicologia em Estudo, 9, 183-193. In Oliveira, D., Siqueira, A. C., Dell'Aglio, D. D., Lopes, R. de C. S. (2008). Impactos das configurações familiares ao desenvolvimento da criança e do adolescente. *Interação em Psicologia*, 12(1).

Rizzini, I. (2002). Crianças, adolescentes e famílias. Tendências e preocupações globais. Interação em psicologia, 6, 45-47. In Oliveira, D., Siqueira, A. C., Dell'Aglio, D. D., Lopes, R. de C. S. (2008). Impactos das configurações familiares ao desenvolvimento da criança e do adolescente. *Interação em Psicologia*, 12(1).

Santos, J. L. (2006). Transformando nós" em laços um estudo compreensivo dos valores parentais nas práticas educativas de famílias de baixa renda (Dissertação de Mestrado). Pontifícia Universidade Católica de São Paulo, São Paulo. In Cacciacarro, M. F., & Macedo, R. M. S. de. (2018). A família contemporânea e seus valores: um olhar para a compreensão parental. *Psicol. rev.*, *24*(2). DOI - 10.5752/P.1678-9563.2018v24n2p381-401.

Santos, J. L. (2011). Casa de pais, escola de filhos: um estudo sobre as transformações nos significados, valores e práticas de educar filhos em famílias de baixa renda (Tese de Doutorado). Pontifícia Universidade Católica de São Paulo, São Paulo. In Cacciacarro, M. F., & Macedo, R. M. S. de. (2018). A família contemporânea e seus valores: um olhar para a compreensão parental. *Psicol. rev.*, *24*(2). DOI - 10.5752/P.1678-9563.2018v24n2p381-401.

Santos, J. L., & Macedo, R. M. S (2008). Valores Familiares e educação dos filhos na contemporaneidade. In Macedo, R. M. S. (Org.) *Terapia familiar no Brasil na última década,* São Paulo: Rocca.

Shorter, E. (1995). O nascimento da família moderna. Lisboa: Terramar. In Ponciano, E. L. T., & Féres-Carneiro, T. (2003). Modelos de família e intervenção terapêutica. *Interações*, *8*(16).

Wagner, A., Falcke, D., & Meza, E. (1997). Crenças e valores dos adolescentes acerca da família, casamento, separação e projetos de vida. Psicologia: Reflexão e Crítica, *10*, 155-167. In Oliveira, D., Siqueira, A. C., Dell'Aglio, D. D., Lopes, R. de C. S. (2008). Impactos das configurações familiares ao desenvolvimento da criança e do adolescente. *Interação em Psicologia*, *12*(1).

Wagner, A., Mosmann, C. P., DellAglio, D. D., & Falcke, D. (2010). *Família e Internet.* (Col. E Agora.com - A era da informação e a vida cotidiana). São Leopoldo: Ed. Sinodal.

Wagner, A., Ribeiro, L., Arteche, A., & Bornhold, E. (1999). Configuração familiar e bem-estar psicológico dos adolescentes. Psicologia: Reflexão e Crítica, *12*, 147-156. In Oliveira, D., Siqueira, A. C., Dell'Aglio, D. D., Lopes, R. de C. S. (2008). Impactos das configurações familiares ao desenvolvimento da criança e do adolescente. *Interação em Psicologia*, *12*(1).

Wallerstein, J. S., & Kelly, J. B. (1998). Sobrevivendo à separação. (Trad. M. A. V. Vertonese). Porto Alegre: Artmed. In Oliveira, D., Siqueira, A. C., Dell'Aglio, D.

D., Lopes, R. de C. S. (2008). Impactos das configurações familiares ao desenvolvimento da criança e do adolescente. *Interação em Psicologia, 12*(1).

Walsh, F. (1993). Normal familie processes. Nova Iorque: Guilford Press. In Oliveira, D., Siqueira, A. C., Dell'Aglio, D. D., Lopes, R. de C. S. (2008). Impactos das configurações familiares ao desenvolvimento da criança e do adolescente. *Interação em Psicologia, 12*(1).

Yunes, M. A. M. (2001). A questão triplamente controvertida da resiliência em famílias de baixa renda (Tese de doutorado). Pontifícia Universidade Católica de São Paulo, São Paulo. In Oliveira, D., Siqueira, A. C., Dell'Aglio, D. D., Lopes, R. de C. S. (2008). Impactos das configurações familiares ao desenvolvimento da criança e do adolescente. *Interação em Psicologia, 12*(1).

2.

PENSANDO FAMÍLIAS: QUESTÕES DE GÊNERO – IMPLICAÇÕES – REPERCUSSÕES

Como chegamos até aqui? O antes e depois da modernidade

A família vem sofrendo modificações importantes e cada vez mais rápidas ao longo do tempo, segundo estudos históricos (Ariès, 1981; Donzelot, 1986), um deles é a aquisição da afetividade como característica da contemporaneidade, diferentemente do modelo patriarcal do século XIX.

Na Idade Média, o casamento se dava por dote. Os pais é que decidiam com quem seus filhos poderiam se casar, geralmente os noivos nem se conheciam. As meninas deveriam se casar após os 12 anos, quando menstruassem, e os meninos a partir dos 14, se tivessem condições de sustentar a noiva e após terem tido experiência sexual. Não era dado à mulher escolher com quem se casaria. O casamento era negociado, feito por arranjos políticos ou interesses financeiros. Se o rapaz fosse de família abastada, os pais da noiva a ofereciam ao pai do noivo, que teria então o poder de escolha entre as pretendentes.

Após o acerto entre os pais, o pai do noivo o comunicava à Igreja, que colocava os proclamas do lado de fora da porta, para que a sociedade soubesse e apontasse se fosse o caso de haver algum impedimento do tipo: casal ser parente de sangue, serem menores de 12 ou 14 anos, terem matado alguém. Assim que nascesse uma menina, o pai já sabia que teria que trabalhar duro para oferecer um dote ao futuro marido (Engels, 1884/1996).

Nos séculos XVI e XVII, constituiu-se a família pré-moderna, caracterizada pela família extensa. Moravam no mesmo espaço várias gerações sob o modelo patriarcal, em que o poder absoluto era dado ao pai, que chefiava a família. O homem cuidava do sustento e da segurança dos filhos. As regras eram estabelecidas e os conflitos, quando surgiam, eram submetidos ao rigor da lei patriarcal.

Esse modelo perdurou por séculos, ajustando-se ao desenvolvimento das sociedades. No feudalismo, os cavaleiros cuidavam do feudo e as mulheres ficavam com as funções domésticas, o que se caracteriza como a divisão de trabalho pelo gênero: o homem provia a alimentação e a mulher a preparava. Parecia que o mundo seria imutável. A relação entre os gêneros se constituía da seguinte forma: o pai tinha o poder e a mãe era a reprodutora. A mulher era vista como figura frágil, submissa. Restringia-se ao trabalho doméstico e à maternidade. Sendo assim, sua importância se dava na capacidade de reproduzir.

Todos os membros da família deviam obediência ao pai, que era a figura que protegia, corrigia, vigiava e punia. Os mais velhos, no caso os avós, eram valorizados por serem os guardiões da memória e genealogia de uma tradição familiar, e os valores eram passados pelos próprios idosos. Por outro lado, as crianças não tinham classificação de importância. Eram tidas como adultos em miniatura, ainda sem escolarização, sua educação era dada pelos mais velhos da família. Naquela época, somente os clérigos tinham direito à escola.

Essa comunidade de pertença não deixava dúvidas quanto ao que fazer, pois os papéis eram os mesmos "desde sempre". A família nesse período tinha como função principal transmitir o patrimônio, uma herança, uma espécie de solidariedade dada a todos os descendentes de um mesmo pai. A linhagem se constituía como proteção na ausência do Estado (Casey, 1992).

A vida sexual e a afetividade do casal não eram valorizadas. Nesse contexto, o indivíduo perdia sua visibilidade em meio às suas relações. Mas a um dado momento há uma preocupação maior com as crianças, pois inicia-se um movimento de consideração pela prole. Anteriormente, os pais poderiam até matar seus filhos se o quisessem, sentimentos de ódio e vingança eram comuns, mas encobertos, pois o filho era sua propriedade, diferentemente de hoje, em que o fato de ter tido filhos nos confere mais deveres do que direitos. Pode-se observar, então, uma virada muito importante dentro dos princípios familiares que vigoram hoje principalmente (Flandrin, 1995, p. 147).

Na Europa, no início do século XVIII, constitui-se a família moderna a partir da Revolução Francesa, que derrubou os privilégios do clero e da nobreza, abolindo a ideia da tradição e da hierarquia, e fez surgir a era da igualdade, liberdade e fraternidade. Houve então uma mudança radical dentro e fora da família.

Mas foi na família moderna que se estabeleceu o fim da hierarquia homem e mulher. No século XIX, a mulher recusa sua condição exclusiva de mãe e se rebela contra a diferença sexual. A saída da mulher do campo da maternidade revoluciona o modelo familiar. Concomitantemente, tiveram início outras revoluções nos campos social, médico e pedagógico.

Surgiu a igualdade de direitos, mas preservando as diferenças anatômicas, com funcionalidades diferentes. Outra grande mudança ocorreu também com relação ao lugar da criança na família (Ariès, 1986). A afeição começou a se fazer notar entre pais e filhos, surgindo o modelo nuclear. A criança tornou-se a imagem viva do pai. As semelhanças, inclusive pela adoção, passaram a ser valorizadas, e a família assumiu a função moral e espiritual sobre os filhos: os pais se responsabilizaram pela sua criação. Tudo isso ocorreu em decorrência do investimento e da valorização da criança na família. Na área médica, surgiram as especializações pediátricas, ginecológicas e obstétricas, para que as crianças permanecessem saudáveis.

No decorrer da história, os conceitos de casal e de casamento mudaram, principalmente alguns pontos centrais:

o casal tradicional, enquanto ambos estavam limitados em seus papéis, não se preocupavam em ser feliz;

o casal moderno passa a considerar o sentimento na relação.

Foi somente a partir do século XVIII que se começou a considerar a escolha do cônjuge pelo sentimento, e o casamento por amor só foi defendido no século XIX, quando os jovens não mais se preocupavam com a propriedade e com realizar o desejo de seus pais. A partir de então, o investimento passou a ser cultural e não mais a propriedade.

As grandes unidades familiares que reuniam várias gerações foram desconstruídas pela evolução econômica e dos costumes: da família nuclear, baseada na transmissão do patrimônio, nasceu a família dissociada de pais separados, passando para a constituição de uma família recomposta, com lares monoparentais, temporários ou constantes. Esse cenário ganhou força após a lei do divórcio, em 1977, multiplicando-se a formação de novos arranjos familiares e permitindo aos indivíduos a construção de novos tipos de alianças.

A parentalidade pode ser exercida por pessoas sem vínculo legal ou de consanguinidade com a criança, como ocorre nas famílias recompostas, nas quais o cônjuge do pai ou da mãe participa da criação do filho. Dessa maneira, a filiação afetiva se distancia da biológica cada vez mais.

Chegamos então à família contemporânea: novas e diversas formas de "ser família"?

O sistema familiar é um sistema aberto em contínua interação com o ambiente, então, permite novas construções no seu modo de se relacionar, que certamente ao serem repetidas serão consideradas padrões de comportamento familiar transmitidos a outras gerações.

Esses novos padrões serão sustentados por valores mais ou menos éticos, de acordo com a moral social, que podem e devem ser revistos, renegociados entre o casal para que se experienciem novas responsabilidades e tarefas (Cerveny, 2010; Cunha Guimarães & Mourão, 2008).

Segundo alguns autores, não existem valores universais, mas inscritos nas histórias das sociedades. Os valores são relativamente determinados por culturas particulares, em razão de certos momentos históricos com variações de acordo com a sociedade e o período de sua existência. Sendo assim, um valor se insere em sua transmissão histórica pessoal, além da bagagem genética, um capital social. Dessa forma, o patrimônio informacional é constituído pelos saberes acumulados pelas gerações, ou seja, nós somos repetições, com vistas a ressignificarmos e renovarmos constantemente essas informações.

Novas organizações estão surgindo, mas ainda numa estrutura de família nuclear burguesa. Hoje, as fronteiras intra e extrafamiliares que eram extremamente rígidas estão mais difusas, reflexo da permeabilidade da sociedade e da família, até porque a família, sendo um sistema autorregulador, tem recursos para criar e buscar novas formas de funcionar (Minuchin, 1982). Assim, o entrelaçamento entre a estrutura familiar e social faz com que a sociedade assuma funções que antes eram consideradas exclusivas da família (Martins Filho, 2012).

Segundo Santos e Macedo (2008), do ponto de vista da complexidade, parece ser acertado afirmar que vivemos a ética da ambivalência. Estamos assistindo ao enfraquecimento da hierarquia e dos limites envolvendo a autoridade parental, que esmorece fomentando a insegurança nos adultos, quanto aos valores e crenças que já não estão mais sendo transmitidas, o que muitas vezes resulta em conflitos intergeracionais expressos no interior das famílias (Santos, 2006; Morici, 2008).

Morin (2005) considera que, quanto mais complexa se torna uma sociedade, mais a ética se faz necessária, uma vez que os limites pesam sobre os indivíduos e os grandes grupos se tornam menos rígidos ou coercitivos, fazendo com que o conjunto social se beneficie de estratégias, iniciativas, invenções ou criações individuais.

Como esses arranjos foram se formando?

O modelo tradicional de pai, mãe e filho foi e está sendo modificado com o passar dos anos em razão da globalização, da expansão da comunicação, do encurtamento das distâncias físicas e dos avanços tecnológicos, que eliminam as fronteiras e possibilitam novas formas de encontro entre pessoas. A esse quadro, soma-se a maior facilidade de locomoção devido aos avanços nos meios de transporte e educação e nos direitos humanos (Perel, 2002; Osorio, 1996).

A rapidez das experiências do mundo atual, o tempo líquido de Bauman, não facilita a manutenção de comportamentos vivenciados e valorizados. Isso resulta no esvaziamento dos valores que embasam nossas ações. Daí a colocação anterior de que *sentimos o que não sentimos*.

Ainda que a diversidade e a multiplicidade tenham sempre existido, vivemos uma época de valorização das diferenças num mundo compartilhado, mas ainda gerador de intolerância social.

Como classificamos as famílias na modernidade?

Falar de novas configurações familiares é ter que resgatar o indivíduo, a família e a sociedade. Nós a reconhecemos em sua nova roupagem?

Como vimos, a família não é uma entidade fixa, é o lugar onde se desenvolvem as normas de filiação e parentesco, ligando a sociedade e o indivíduo. A família e seu papel estão sendo redesenhados à medida que ela se relaciona em novos contextos, onde é constituída e se constitui. Agora não é mais possível falar apenas no modelo da família hetero, monogâmica, branca e de apenas um casamento.

Na atualidade, se delineia a possibilidade de os indivíduos acessarem um tipo de vida e de família que pretendem construir com mais liberdade, escolhendo uniões alternativas ao modelo tradicional.

O exercício da sexualidade está se dissociando das esferas da conjugalidade e da reprodução como consequência do desenvolvimento científico, tecnológico e da diminuição da influência religiosa. A sexualidade humana passou a ser uma possibilidade legítima de cada indivíduo. Hoje temos um resgate da vivência do prazer sexual.

As famílias em rede apresentam complexas configurações vindas do recasamento, ou seja, do entrelaçamento de duas ou três famílias que se organizam em novas constelações. Assim, testemunhamos a formação de novos tipos de configurações familiares, como as monoparentais, multiparentais ou homoparentais, a produção independente etc.

Mas, afinal, quem empurra o carrossel das transformações familiares?

Essas transformações têm sido fortemente influenciadas pelas mudanças sociais, políticas, culturais e econômicas. Alguns aspectos fundamentais que as geraram foram a inserção da mulher na escolarização formal, possibilitando sua entrada no mercado de trabalho, a igualdade de direitos e deveres entre homens e mulheres no âmbito familiar, a valorização do corpo e da sexualidade e a luta contra a opressão de gênero e orientação sexual desencadeada pelos movimentos feministas e homossexuais.

A primeira manifestação de gênero emergiu a partir da reação feminina à dominação masculina no tocante à inclusão da mulher ao direito ao voto e direito civil. Esse protesto veio questionar o projeto do Estatuto da Família nos anos 1920, por meio do qual se pretendia proibir que a mulher ocupasse posições no trabalho, enfatizando que a sua maior função seria nos afazeres domésticos.

A mulher efetivamente começou a ter acesso à escola somente no século XX.

Em 1960, processou-se a segunda manifestação do feminismo no mundo. As mulheres queimaram o sutiã em passeatas do *Women's Liberation Movement*, nos EUA, em 1968. A queima do sutiã foi um ato simbólico do desejo dessas mulheres por autonomia de seu corpo e sexualidade e da libertação da opressão do masculino. Esse movimento questionou a maternidade como o destino natural de todas as mulheres. Começou-se a divulgar que esse determinismo era uma construção social baseada numa lógica androcêntrica do mundo, que designava à mulher somente o espaço doméstico e de família.

Concomitante a esse momento histórico, o projeto de industrialização no Brasil exigia uma população com domínios básicos de escolarização. Nos idos dos anos 1970, o movimento feminista foi às ruas novamente, reivindicando creches para seus filhos. Houve uma passeata sem precedentes.

Em 1982, a epidemia de Síndrome de Imunodeficiência Adquirida (AIDS) se alastrou. Movimentos conservadores usaram o fato de o vírus ser transmitido por contato sexual para atacar os homossexuais, associando a doença a uma suposta anormalidade dessas relações. A partir de então os movimentos de gays, lésbicas, bissexuais e travestis se organizaram, ganhando força social.

Qual reinvindicação desses grupos se manifesta?

Sem dúvida, esses grupos passaram a reivindicar a legitimidade do prazer sexual e não somente com o sentido de procriação (Giddens, 1993). A partir de então, a difusão de métodos contraceptivos, as inúmeras possibilidades de realização de esterilizações e abortos legais ou clandestinos, em conjunto com os crescentes avanços das tecnologias reprodutivas e contraceptivas, proporcionaram uma crescente dissociação entre sexualidade, conjugalidade e reprodução nos centros urbanos (Scavone, 2001b).

A partir de então, as mudanças têm ocorrido na vida privada, especialmente nas famílias e nas relações de gênero, fazendo emergir novos modelos de sexualidade, parentalidade e amor.

E como se configuram os novos modelos de família?

Atualmente, percebemos com a evolução da sociedade e de ordenação jurídica uma grande diversidade nos modelos de família, relacionada ao progresso do ser humano e da sociedade, diretamente ligado ao processo evolutivo.

O processo de modernização da família passa a ser guiado pelo ideal de uma família igualitária, em detrimento do ideal hierárquico. Transformações paradigmáticas ocorreram em meados do século XX, no que diz respeito ao seu funcionamento e configuração familiar, provocando alterações na estrutura e na dinâmica das relações entre seus membros no sentido de construírem novos padrões relacionais, contribuindo para a concepção contemporânea de família (Wagner, Ribeiro, Arteche & Bomholdt 1999).

Saltamos da família monoparental, constituída por somente um dos pais, tendo como causa a vontade do genitor ou da genitora, podendo se dar em caso de viuvez, divórcio, separação de fato. As famílias anteroparentais não são famílias formadas por uma relação de hierarquia, conjugalidade ou consanguinidade, mas sim por dois indivíduos com funções familiares semelhantes, podendo ser duas pessoas vistas como uma unidade, como no caso de dois irmãos. O modelo pluriparental, ou mosaico, é originário da família recomposta. Os cônjuges possuem filhos de relações anteriores que coexistem como uma nova família. A família paralela, assim chamada por Simão (2020), configura uma pessoa vivendo em dois núcleos distintos simultaneamente. Esse modelo não goza da proteção prevista no artigo 226 da Constituição da República Federativa do Brasil de 1988, conforme entendimento da tese na Repercussão Geral n. 529 (Souza Coutinho, 2023, p. 11).

A família extensa prevista no parágrafo único do artigo 25 do Estatuto da Criança e do Adolescente (ECA) é entendida por "famílias que se estende para além da unidade pais e filhos ou de casal, formada por parentes próximos com as quais a criança ou o adolescente convive e mantém vínculos de afinidade e afetividade".

Na composição de família ectogenética, o casal concorda em ter filhos mesmo sem formar conjugalidade, o homem passa a ser o pai e a mulher a mãe, mesmo que não vivam como casal, sendo o acordo meramente parental (Pereira, 2017).

O modelo de família poliafetiva ainda não encontrou espaço dentro do ordenamento jurídico segundo o Conselho Nacional de Justiça (CNJ), que decidiu em 26 de junho de 2018 que os cartórios não devem escriturar uniões poliafetivas.

O ganho da mulher na contemporaneidade foi sair do lugar exclusivo da maternidade, mas em decorrência está havendo um desinvestimento narcísico das crianças, pois sua constituição subjetiva fica comprometida, resultando no narcisismo negativo promotor de adultos mais frágeis.

Em contrapartida, vemos como ponto de compensação uma certa tirania infantil, o domínio dos filhos para com esses pais, que sentem culpa por não os atender em atenção e tempo.

Como efeito de tudo isso, já estamos assistindo nas escolas a um aumento da violência, que denuncia essa falência da maternagem na contemporaneidade e algumas formas de compulsão e depressão.

Conclui-se que o afeto é um requisito indispensável para a constituição das famílias.

Os reflexos deste movimento fazem surgir nova forma de vínculo. Em que esse novo vínculo se baseia?

As redefinições de família passam a ser calcadas na valorização da solidariedade, da fraternidade, na ajuda mútua, nos laços de afeto e amor (Fonseca, 2002; Perrot 1993; Rizzini, 2002), indo além da exigência da consaguinidade (Fachin, 2001; Goldani 1994). Está nascendo uma nova forma de relacionar-se, em que as diferentes configurações ganham força, agora não somente atreladas à família nuclear, mas também incluindo e reconhecendo diferentes relações entre seus membros. As famílias podem seguir no modelo tradicional, outras dividem os cuidados dos filhos e da organização familiar, como também mulheres ou homens assumem sozinhos o sustento financeiro da família e, ainda, produções independentes (monoparentalidade), famílias recasadas, casais sem filhos, homossexuais e casais com filhos adotivos engrossam o coro das novas configurações.

Tais modificações estruturais na organização da família fizeram aumentar o interesse pelo seu estudo nas últimas décadas, a fim de compreendê-las e avaliar seus efeitos (Ramires, 2004; Wagner, 2002). Podem ser elencada características como:

- comportamentos regidos pelo individualismo e consumismo, marcados pela busca do prazer imediato;

- a fragilidade dos vínculos devido ao imediatismo nas relações refletindo nos relacionamentos das pessoas, fazendo emergir problemas éticos e morais (Santos, 2011; Santos & Macedo, 2008);

- as quebras de valores preexistentes sem que se tenha estabelecido novos valores relacionais estáveis e estruturados;

- as alterações na vida afetiva social e profissional dos pais, exigindo mudanças nas redes de convivência e de apoio das crianças, o que faz com que haja necessidade de familiares ou novos parceiros interagirem, o que pode ser conflitivo ao grupo família.

Separação/divórcio, monoparentalidade e recasamento são períodos de transição no ciclo de vida da família que acarretam implicações diretas aos membros envolvidos. É um período de reestruturação de papéis e de sistemas de valores que vão exigir uma adaptação às mudanças na estrutura familiar (Costa & Fères Carneiro, 1992; Gzybowski, 2002; Yunes, 2001; Costa, 1991).

Nesse caso, há um prejuízo e um sofrimento atrelado às separações e ao divórcio, podendo ser um choque doloroso e angustiante para as crianças, já que podem desencadear problemas de ajuste psicológico e social. Em crianças de 8 a 9 anos de idade, verifica-se maior vulnerabilidade nas transições familiares, com índices altos de estresse, com maiores dificuldades de lidar com o divórcio em função de sua maturidade e seu desenvolvimento socioemocional.

Vale destacar, com tudo isso, que há um potencial de reorganização e de amadurecimento precoce nas crianças, que podem expressar atitudes mais afetivas com os pais em comparação com as famílias intactas. Crianças de famílias monoparentais podem apresentar maior nível de bem-estar do que as famílias nucleares com alto grau de conflito, até porque o bem-estar infantil depende do bem-estar no relacionamento dos pais.

O que está sendo gerado no seio da nova família?

Ainda não sabemos. O que virá dessas novas configurações é o grande desafio nos dias atuais. Perdemos como humanidade a capacidade de interatividade do ser humano.

A ideia do vínculo é essencial. Interação e vinculação com o outro diferente de mim. Ao nos incluirmos nesta nova configuração, passamos a reconhecer a humanidade no outro e, alargando essa percepção, nos reconhecemos como pais e mães do universo e não somente em nossa família. Só assim a consideração e o respeito pelo outro, a empatia, podem surgir.

Cabe à família contemporânea refletir sobre como promover a qualidade de vida das crianças e adolescentes nessas diferentes configurações familiares, associadas à herança dos modelos tradicionais, e repensar os novos valores sociais e culturais que surgirão, em benefício da saúde mental da família.

Nessa jornada, há de se reconhecer a amorosidade e o respeito. Será necessário tempo de vivenciar, questionar e pensar para se adotar com consciência os nossos valores. Há de se perguntar: minhas atitudes vão ao encontro de meus valores? Me sinto à vontade e confiante diante das minhas posições?

Isso posto, no contexto privado das famílias, podem ajudar respostas sociais mais positivas.

Referências

Morin, E. (2005). Ciência com consciência. (Trad. M. D. Alexandre & M. A. S. Déria). 9a ed. Rio de Janeiro: Bertrand.

Oliveira, D., Siqueira, A. C., Dell'Aglio, D. D., Lopes, R. de C. S. (2008). Impactos das configurações familiares ao desenvolvimento da criança e do adolescente. *Interação em Psicologia, 12*(1), 87-98.

Pereira, Caio Mario da Silva. (2017). *Instituições de Direito Civil – Vol. V*. Rio de Janeiro: Forense.

Pombo, M. F. (2019). Família filiação parentalidade: novos arranjos novas questões. *Psicologia USP 30*. DOI: https://doi.org/10.1590/0103-6564e180204

Santos, J. L., & Macedo, R. M. S. (2008). Valores familiares e a educação dos filhos na Contemporaneidade. In Macedo, R. M. S. (Org.) *Terapia familiar no Brasil na última década*, São Paulo: Rocca.

Simão, J. F. (2020). STF confirma que não há famílias paralelas no Brasil. *Consultor Jurídico*. https;/www.conjur.com.br/2020-dez-20/processo-familiar-stf-confirma-não-famílias-paralelas-brasil.

3.

ADOLESCÊNCIA: DESAFIOS, CONTRADIÇÕES, ENCONTROS E DESENCONTROS EM FAMÍLIA

> *O horizonte familiar da vida foi ultrapassado, os velhos conceitos, ideais e padrões emocionais já não são adequados, está próximo o momento da passagem por um limiar.*
>
> (Joseph Campbell, O Herói de Mil Faces, 1997, p. 32)

> *Temos apenas de seguir a trilha do herói. E lá, onde temíamos encontrar algo abominável, encontraremos um deus. E lá, onde esperávamos matar alguém, mataremos a nós mesmos. Onde imaginávamos viajar para longe, iremos ter ao centro da nossa própria existência. E lá, onde esperávamos estar a sós, estaremos na companhia do mundo todo.*
>
> (Joseph Campbell, O Poder no Mito, 1990, p. 131)

A adolescência é uma experiência compulsória, vivida por cada um a seu jeito. Por um viés encantado, crianças se tornarão adultos! Época de um grande sono, em que o jovem está vivo, mas ausente/adormecido do mundo dos adultos e ainda não despertou para seu próprio futuro. Período de se ter o que todos cobiçam: juventude, beleza e todas as possibilidades à frente.

Apesar de adormecido, o adolescente não está parado: em seu retiro, seu quarto, seu hobby, ele irá praticar o engajamento de forma "oito ou oitenta", com intensidade ou com passividade.

Esta fase garante que o jovem morra para sua família e renasça para o exercício da sexualidade em tempos diferentes daquele vivido por seus pais. Pais e filhos se perdem mutuamente, habitam tempos diferentes, e o que mais padece é a comunicação entre eles.

A adolescência é um fenômeno universal do homem simbólico, cuja expressividade e compreensão varia de época para época, dependendo de características culturais, estruturais, dinâmicas e econômicas, das relações e dos significados simbólicos que definem o corpo familiar dentro de cada cultura (Castanho, 2004).

O corpo familiar é uma estrutura psicossocial dinâmica e historicamente construída desde os primórdios da humanidade até os dias atuais, em diferentes configurações: famílias coletivas, matriarcado, patriarcado, casais homossexuais e monoparentais, caracterizada pela maneira como o homem desafia e enfrenta a realidade, organizando-a ou engessando-a diante de processos criativos, que dependem de aspectos psicológicos, sociais, geográficos, econômicos, religiosos e culturais.

A Organização Mundial de Saúde (OMS) considera adolescente o indivíduo entre 10 a 20 anos de idade, porém mesmo os que adotam essa definição reconhecem que os limites etários da adolescência são imprecisos (Saito, 2001). Em torno dos 10 anos para os meninos e 12 anos para as meninas, o sistema nervoso central (SNC) inicia o estímulo da atividade hormonal que desencadeia a puberdade, aumentando a produção dos hormônios sexuais e o desenvolvimento dos caracteres sexuais secundários, ou seja, características que aparecem na puberdade com o amadurecimento de óvulos e espermatozoides (Castanho, 1988).

Uma associação imediata é estabelecida entre a palavra "adolescência" e "hormônios". Essa ideia levava a crer que adolescentes já teriam o cérebro "pronto" e seus comportamentos por vezes problemáticos seriam o resultado da inundação hormonal que marca a puberdade. As novas pesquisas sobre o cérebro adolescente apontam que isso não é mais considerado verdade. Assim como o corpo, o cérebro adolescente está em transição, passando por grandes mudanças e aprendizados: tornar-se adulto.

Devido à reorganização estrutural do cérebro e ao papel direcionador das experiências vividas, a adolescência é a época inevitável de transição em que o cérebro da infância se transforma em cérebro de adulto. Para que cumpra essa difícil tarefa do crescimento, o adolescente tem que se colocar de prontidão para o sacrifício do seu conforto infantil.

O termo "adolescência" é empregado para o "fazer-se grande", "crescer", uma preparação do sujeito ao ingresso em uma sociedade tecnicamente desenvolvida. Pode ser considerada um período de transição entre a vida sexual infantil e a adulta, quando a sexualidade passa a assumir a genitalidade propriamente dita, isto é, quando a pulsão sexual se coloca a serviço da função reprodutora.

Inferimos em concordância com vários autores que a transição para a vida adulta implica o reconhecimento da capacidade de procriação e desenvolvimento profissional e como forma de contribuição ao sistema produtivo da coletividade. No entanto, entendemos que, no contexto do nosso mundo dito civilizado, esse período de transição entre a infância e a vida adulta é propício ao surgimento de sentimentos conflitantes relacionados à perda do corpo infantil e dos pais idealizados, intensificados pela descoberta de si mesmo, como alguém distinto e separado.

Pode-se dizer que a puberdade é uma programação genética e não sofre influência da vontade da pessoa ou do meio sociocultural em que ela está inserida. A puberdade é um marco do desenvolvimento humano que provoca crises naturais. No Ocidente, a adolescência tem o "status de hiato" (*Grupo para o adiantamento da psiquiatria*, 1974), caracterizado pelo fato de o adolescente não ser mais considerado criança e, também, não se exigir dele atitudes de adulto.

Erik Erickson (1968), no final da década de 1960, se ocupa da tarefa de expor a crise da adolescência como um efeito de seu tempo. Erickson foi o primeiro a se utilizar do termo "moratória" para se referir à adolescência, concepção que persiste até hoje. Moratória é um termo jurídico referente a uma suspensão ou um prazo em geral vinculado a pagamentos de dívidas, termo adequado ao esclarecimento da experiência do adolescente, já que ele não se apresenta mais como uma criança indefesa e desprovida dos recursos para o ingresso na vida adulta, pois crianças não estão aptas para a reprodução e autonomia.

Calligaris (2000) adota o termo "moratória" para explicar esaa fase que afeta a família como um todo, ou seja, a família também adolesce com relação às mudanças que estão ocorrendo no sistema familiar. Várias alterações biopsicossociais acontecem de forma simultânea, sem que seja possível determinar qual vem primeiro.

A adolescência do filho geralmente acontece na fase em que seus pais, na faixa dos 40 aos 50 anos, estão preocupados com a juventude deixada para trás e com realizações futuras (Cerveny, 1997, p. 14). Alguns pais se exasperam com filhos acomodados, outros se satisfazem por perceberem que ainda serão necessários por muito tempo, confundindo afeto com dependência. O casal que se encontra na meia-idade internaliza a vulnerabilidade do tempo – a passagem não é mais tão lenta como na etapa anterior, em que os "pequenos" exigiam tanto. É comum vermos adolescentes questionando valores, regras familiares, preocupando-se com o futuro e em paralelo seus pais em fase de questionamento profissional, muitas vezes buscando mudar a carreira e preocupados com o futuro. Nessa fase, novos arranjos são necessários, tanto conjugais como individuais.

Os conflitos que surgem com relação aos filhos pedem mudança, mas para onde?

As crises dos pais nessa época estão repletas de preocupação com a aparência, com o receio e temor da velhice e das perdas. Os filhos adolescentes passam a não confiar mais nos pais como aqueles que sabem tudo e os pais não se encontram prontos para absorverem e confiarem nas mudanças de seus filhos adolescentes. Os pais pedem provas e mais provas de responsabilidade e critérios adultos de resolução de problemas de seus filhos adolescentes.

É uma época turbulenta no núcleo familiar e muitos "divórcios" ocorrem nessa fase de transição da vida.

Podem acontecer, vez ou outra, competições entre pais e filhos e entre mães e filhas, assim como algumas dificuldades entre o casal de se unir em função dessa rivalidade, contribuindo para e aumentando a vulnerabilidade do adolescente.

O adolescente, em relação ao sistema familiar, fará um movimento exógamo para a busca de sua identidade, muitas vezes influenciado por seus pares mais do que pela família, indo buscar modelos externos na mídia e no grupo de amigos. Acontece que ele pode se recusar inconscientemente à construção de seu próprio eu, num ato transgressor qualquer, sendo as drogas o mais comum deles, permanecendo dessa forma maior tempo do que o previsto no estágio do desenvolvimento infantil, ficando nele aprisionado, dificultando assumir suas funções de adulto.

O que vem a ser a adolescência?

Winnicott (2023) define a adolescência como um período de desenvolvimento emocional do indivíduo. Período em que se pressupõe que o menino ou a menina tenham vivenciado o complexo de Édipo, ou seja, viveram duas principais posições do relacionamento triangular com os dois pais, que em relação às suas experiências pessoais organizam-se de modo a combater a tensão ou aceitar e tolerar os conflitos.

O menino ou a menina chegam com essa bagagem na puberdade com todos os padrões pré-determinados pelas experiências da primeira infância, em que muita coisa permanece inconsciente, porque ainda não foi experimentado. O menino ou a menina, entre os 10 a 12 anos, lida com as mudanças decorrentes da própria puberdade. Ele ou ela chega ao desenvolvimento da capacidade sexual e às manifestações sexuais secundárias com uma história pessoal herdada ou adquirida que inclui um padrão próprio na organização das defesas contra vários tipos de ansiedade, fixações pré-genitais de experiência instintiva, resíduos da dependência e da falta de piedade infantis e, mais, com possíveis padrões adoecidos associados à falha de amadurecimento em nível edípico ou pré-edípico. Sua mochila emocional estará cheia.

Para Jung, a personalidade que existe em germe na criança vai se desenvolver por meio da vida e em seu decurso. Para ele, "sem determinação, inteireza e maturidade não há personalidade" (Jung, 2013b, p. 182). Segundo o autor, a adolescência é uma fase marcada por transformações e a puberdade anuncia o chamado "nascimento psíquico", ou a diferenciação consciente dos pais, com a irrupção da sexualidade e, ainda, a revolução espiritual (Jung, 2013b, p. 347).

Neumann (1991), em sua obra *A criança*, postula que a crescente independência do ego levará ao surgimento de conflitos, até porque mais independência significa desamparo. Então, toda situação de afastamento da criança em relação à sua posição de segurança é vivenciada como solidão.

Frota (2007), professora adjunta do departamento de Economia Doméstica da UNC-UFC, aponta que a adolescência é uma categoria que se constrói, se exercita e se reconstrói dentro de uma história e tempo específicos, isto é, "os saberes são construídos de modo tímido, sabendo-se incompletos, precários e parciais".

> A adolescência pode ser pensada além da idade cronológica, da puberdade e das transformações físicas que ela acarreta, dos ritos de passagem ou de elementos determinados aprioristicamente ou de modo natural (Frota, 2007).

Ainda segundo a autora, a compreensão da adolescência pode vir permeada pela ideia de *"aborrecência, rebeldia e atrevimento"*. Está vinculada ao momento em que o adolescente se constitui num indivíduo muito chato, difícil de lidar e que sempre cria confusão, vivendo em crises (Frota, 2007). Esse momento é conturbado porque os adolescentes, bem como sua família, enfrentam as adaptações necessárias para a entrada nesse novo ciclo, até porque frequentemente a família também se descoordena emocionalmente, momento em que, cheio de energia e vitalidade, tenta conquistar novos espaços de autonomia, mas nem sempre anda a passos largos, muitas vezes retrocede ou diminui a marcha. Vale ressaltar que alguns colapsos psicológicos entre os adolescentes demandam nossa tolerância e nosso cuidado como pais, uma vez os adultos que foram privados da sua adolescência não conseguem lidar com o florescimento dela em seus próprios filhos.

Pode-se dizer que a adolescência é um "não lugar"?

Acreditamos que o adolescente tenha um lugar, mas sabe-se que em algum momento o desenvolvimento se torna descontinuado. Para Silvia e Soares (2001), "em um dado momento da vida o jovem passa por uma fase em que praticamente 'não é'". Ele já não é tão novo para ter atitudes de criança, nem tão velho para ter atitudes de adulto. É notório que os adolescentes de hoje se sintam obrigados a transpor esta zona de marasmo – fase em que se sentem fúteis e ainda não se encontraram. Os adolescentes não sabem onde estão, nem o que se tornarão, mas esperam ser. Tudo está em suspenso, acarretando um sentimento de irrealidade e a necessidade de tomar atitudes que lhes pareçam reais. Vemos os jovens buscando um tipo de identificação que não os desaponte em sua luta: a luta para sentir-se real, para estabelecer uma identidade pessoal, para viver o que deve ser vivido sem se conformar com um papel pré-estabelecido, como encontramos em Donald Winnicott.

Objetivo da adolescência

Para Jung, há uma função teleológica na fase da adolescência. O status de hiato, que envolve o fato de os adolescentes não serem mais crianças, mas que não se espera deles atitudes de adultos, é considerado uma parada "entre" um tempo que passou, tempo da infância, e outro que virá – a vida adulta dando uma pista do que acontece na vida interior de um adolescente.

Este "status de hiato" envolve aspectos frustrantes para os jovens mais amadurecidos, mas apresenta tentadoras satisfações aos mais acomodados, que evitam responsabilizarem-se por si mesmos.

Frankel (1998) argumenta que os extremos da adolescência são intrínsecos a ela e deveriam ser compreendidos não pela lente da infância, nem pela lente do adulto, mas pelos seus próprios termos. Nesse período, grande parte do que se observa no comportamento do adolescente são tentativas de autoiniciação, com o intuito de desenvolver certa capacidade de suportar as perdas por traições, separações e mortes simbólicas.

O autor expõe e articula aquilo que no pensamento de Jung nos ajuda a abordar a adolescência, por exemplo, dando ênfase no *telos*, o encontro com a sombra, o engajamento no processo de individuação, a necessidade dos rituais numa cultura que proporciona pouca coerência individual.

A visão de Jung da natureza humana e seu entendimento da psique como um sistema autorregulador apontam para a necessidade de olharmos para o fenômeno psicológico partindo de uma perspectiva teleológica que complemente e amplie a leitura causal da psicanálise e da psicologia moderna (Rychlak, 1991). Isso é crucial na abordagem da adolescência por ser um período paradoxal da dialética da vida. O adolescente, preso no polo dependência e responsabilidade, não mais sendo criança e ao mesmo tempo não sendo adulto, suporta a tensão dos opostos de maneira dramática. Para Jung (1981, p. 43), sintetizar a dialética dos opostos dá origem à abordagem teleológica e o engajamento terapêutico com adolescentes envolve entrar em contato com as diversas forças a que estão submetidos (Frankel, 1988, p. 22).

Batalhas inevitáveis da adolescência se dão entre o impulso regressivo de retornar ao conhecido, familiar e seguro e o movimento em direção ao mundo. Seus indícios podem ser vistos na sintomatologia clínica de adolescentes em crise. A análise da infância revela apenas um lado do conflito, enquanto a visão teleológica completa o quadro oferecendo a intenção de impulsionar a energia.

Dessa forma, os sintomas podem ser entendidos prospectivamente como forças que impulsionam o adolescente em uma direção em vez de outra. Identificar o *telos* no sistema requer imaginação, interpretação astuta e a disposição de se considerar os "fatos" clínicos e seus possíveis significados simbólicos. A visão prospectiva da adolescência assegura que levemos em conta a individualidade e a particularidade de cada caso, nos impedindo de ver o quadro clínico do adolescente como mais um relato da mesma VELHA HISTÓRIA. A visão teleológica nos lembra que existem forças maiores e imperceptíveis em ação que podem servir ao progresso do desenvolvimento.

Para Frankel (1961), a adolescência no ponto médio do desenvolvimento sugere três direções básicas para seu entendimento:

1. *o passado como origem do que ocorre no presente*, ou seja, as aflições da primeira infância permanecendo ativas na adolescência, em que os pais dos adolescentes muitas vezes permanecem presos no pensamento causal, sem buscar entender a raiz da perturbação que desestabiliza a vida familiar, ao invés de buscarem respostas lá na primeira infância de seus filhos. Esses pais instintivamente se voltam para o grupo de pares de seus adolescentes como causadores dos problemas, projetando no grupo as influências negativas e corruptoras (Frankel, 1961, p. 18), negando, portanto, aceitar o fato de que uma transformação está acontecendo dentro de seus próprios filhos e que eles não podem mais recorrer ao padrão de comunicação e relacionamento que tinham anteriormente. Esse comportamento dos pais parece defender o enfrentamento da "alteridade" que se impõe na fase da adolescência;

2. *mundo real da adolescência*, que nos lembra que possivelmente esquecemos dessa fase em nosso próprio desenvolvimento e projetamos nossas próprias imagens da adolescência no adolescente. Superar nossas projeções e observar com maior clareza o universo que o adolescente habita requer disposição para refletirmos sobre a indeterminação entre as formas adultas de percepção, tidas como óbvias, e o mundo, tal como vivenciado pelo adolescente;

3. *olhar à frente*, interrogando para onde um determinado sintoma ou padrão de comportamento pode estar conduzindo.

No método de Jung de investigação da função teleológica da psique, ele aponta que os sintomas são lidos não apenas casualmente, mas também dotados de um objetivo. Sentimentos e fantasias contidos em um sintoma específico podem simbolizar um futuro em formação. Por isso questionamos por que um sintoma aflora, para que serve e aonde pode conduzir (Samuels, 1991, p. 17).

Em Winnicott (2023, p. 143), a adolescência é uma fase que precisa ser vivida e é, em essência, uma descoberta pessoal. Cada indivíduo se vê engajado numa experiência viva, num problema do existir. A adolescência, para ele, tem cura à medida que o passar do tempo e do desenrolar gradual dos processos de amadurecimento o conduzirão à "pessoa adulta", isto é, cada adolescente se transformará num adulto consciente e integrado na sociedade.

Winnicott reconhece que os processos não podem ser nem acelerados nem desacelerados, mas podem ser invadidos e destruídos ou, na pior das hipóteses, definhar internamente, no caso do distúrbio psiquiátrico. Via de regra, a adolescência é tratada como um problema, e ignora-se que cada adolescente esteja vivendo um processo ao cabo do qual se tornará um adulto consciente e integrado à sociedade, a partir de sua experiência prévia derivada da infância com seus pais, que o tenham ensinado ou não a organizar modos de combater a tensão ou aceitar e tolerar os conflitos inerentes a tais condições essencialmente complexas (Winnicott, 2023, p. 144).

Como vimos, nessa fase, o cérebro da infância se transforma num cérebro de adulto. Como é explicado pela neurociência, Houzel (2013) afirma que adolescência é muito mais que puberdade. Graças aos hormônios, inicia-se a capacidade reprodutiva, sendo um período de transição das capacidades cognitivas, emocionais e sociais do cérebro.

Numa visão biológica, a adolescência é o período em que o cérebro se torna capaz de lidar com as competências reprodutivas adquiridas na puberdade. O cérebro cresce até atingir um tamanho adulto no início da adolescência. Algumas estruturas aumentam, outras diminuem, sofrem reorganizações químicas e estruturais em prol do amadurecimento funcional. Daí em diante, não crescem mais.

O sistema de recompensa muda: os gostos, as vontades, os desejos.

Em relação às habilidades motoras, há uma cristalização. Os feixes que ligam as várias regiões do cérebro adquirem a capa final de mielina, que funciona como isolante elétrico conduzindo com mais velocidade os impulsos. As regiões pré-frontais do cérebro, responsáveis pelo raciocínio abstrato e aprendizado social, amadurecem.

Ainda que as mudanças mais óbvias sejam exibidas no corpo, quem dispara e coordena a adolescência é o cérebro, a partir de uma estrutura chamada hipotálamo, responsável por promover ajustes fisiológicos de vários tipos em todo o corpo, inclusive os ajustes hormonais. Mas como o hipotálamo dispara e coordena as mudanças que ocorrem na adolescência?

Em sua condição privilegiada de comandar o corpo, o cérebro, de acordo com o teor de gordura do corpo, dará o comando via hipotálamo. O que isso quer dizer? Que um mínimo de gordura acumulada deve ser necessário para garantir que o pontapé inicial seja dado e as transformações comecem, então o corpo conseguirá sustentar o ritmo acelerado do crescimento.

Conexão cérebro-gordura

Bem, o cérebro recebe informação de que é hora de iniciar a puberdade por meio de um hormônio chamado leptina[2], derivado do grego *leptus,* que significa "magro". Essa é a proteína que emagrece. A leptina é, portanto, uma proteína produzida pelos adipócitos, células que acumulam gordura no corpo.

A leptina produzida pelas células do tecido adiposo cai na circulação sanguínea e chega ao hipotálamo, que é uma estrutura na base do cérebro, onde é reconhecida por neurônios que controlam o apetite e o metabolismo do corpo como um todo. Sua função é de informar ao cérebro sobre o nível de gordura acumulada no corpo, de modo que o hipotálamo mantenha um equilíbrio energético adequado que garanta um corpo nem gordo nem magro demais.

Quanto ao amadurecimento sexual, as partes envolvidas são os hormônios sexuais, os executores do processo, sob o comando do cérebro, mas ainda não se sabe a identidade do fator que promove a adolescência.

O neurocientista Fernando Louzada, professor do Departamento de Fisiologia da Universidade Federal do Paraná, reconhece que a adolescência é um cérebro em mutação, uma etapa "tanto de mais vulnerabilidade quanto potencialidade" (Idoeta, 2019).

Trata-se de uma fase em que se ganham algumas conexões neurais e perdem-se outras, reforçando alguns circuitos. Fase de aquisição da mielina – substância que faz os impulsos nervosos andarem mais rápido – pelos neurônios. O processo de mielinização não está maduro, completando-se aos 20 anos. Ou seja, não há ainda mielina suficiente que faça os impulsos nervosos andarem mais rápido pelos neurônios. É um período importante para a reorganização.

Duas áreas do cérebro estão envolvidas nas mudanças enfrentadas na adolescência: o sistema límbico e o córtex pré-frontal.

O sistema límbico é a estrutura mais importante para a memória, região do hipocampo, e está próximo à amígdala cerebral, uma estrutura que ajuda a produzir emoções. No córtex pré-frontal, essa mielinização demora a acontecer por ser a última camada do cérebro a amadurecer. É

---

[2] A leptina entrou no cenário em 1994, quando o grupo de Jefrey Friedman, da Universidade Rockefeller, nos EUA, sequenciou o gene alterado em camundongos de uma linhagem conhecida apropriadamente como *obesa*: camundongos que "comem enquanto houver alimentos sob os olhos".

a área responsável pelo pensamento crítico, tomada de decisão, autocontrole, planejamento, atenção, organização, controle da emoção, riscos e impulsos, automonitoração, empatia e resolução de problemas. Trata-se da área da impulsividade, avaliação de riscos e ações, planejamento e processamento de emoções.

Na adolescência, os jovens fazem uso da amígdala para resolver problemas. Vale lembrar que a amígdala é responsável pela agressividade e pelo comportamento instintivo. O cérebro do adolescente contém níveis baixos de serotonina e dopamina, neurotransmissores que proporcionam sensação de prazer e bem-estar. Esse fator explica em alguma medida a agressividade do adolescente, sem esquecer que os níveis de testosterona aumentam nessa fase, contribuindo para explosões de raiva e impulsividade.

É bom lembrar que os lobos frontais ainda não estão desenvolvidos, limitando a resolução de problema e a regulação emocional.

Recentemente, a partir de 1999, técnicas de mapeamento cerebral, morfológico e funcional permitiram aos cientistas procurar na reformulação continuada do cérebro as bases para as mudanças cognitivas e comportamentais da adolescência. Institutos nacionais de saúde dos EUA custeiam projetos que escaneiam o cérebro de 500 crianças/ano, de 2 a 21 anos, testando suas funções cognitivas ao longo de sete anos e estudando sua herança genética. Esses estudos demonstraram que o volume da massa cinzenta do cérebro vai aumentando até o início da adolescência, e só então começa a ser reduzida, ou seja, as sinapses que vão sobrando vão sendo eliminadas, o que é reconhecido como poda sináptica nas várias regiões corticais, cada uma a seu tempo.

A eliminação das sinapses excedentes é feita de acordo com as experiências: as mais usadas são selecionadas e mantidas, enquanto as menos usadas enfraquecem e são eliminadas. O cérebro será esculpido enquanto pedra bruta que tem em si todas as esculturas possíveis, mas não lapidadas, de acordo com a vida de cada um, até que uma outra estrutura emerja. Essa eliminação é ordenada e irá permitir a formação de circuitos bem ajustados e eficientes.

Enquanto a massa cinzenta aumenta até a puberdade para então diminuir, estudos feitos nos anos 1990 por Rapoport e seus colegas, nos institutos nacionais de saúde dos EUA, confirmaram um aumento linear da massa branca subcortical que compensa a redução da massa cinzenta cortical, de modo que o tamanho do cérebro se mantenha estável. A massa cinzenta reúne os corpos celulares dos neurônios, axônios, as longas fibras que percorrem grandes distâncias no cérebro, interligam regiões corticais e até dois hemisférios, trafegam na massa branca abaixo da cinzenta. Assim, o aumento do volume da massa branca subcortical ao longo da infância e da adolescência corresponde ao espessamento das fibras nervosas que resulta na sua mielinização[3].

Como classificar a adolescência

Winnicott (1961), alicerçado na teoria psicanalítica em contraste com seus outros trabalhos que enfatizam a conexão entre o funcionamento adulto e as experiências da primeira infância, concebe a adolescência como um mundo em si mesmo, como uma dinâmica singular e produtiva, dando ênfase na autenticidade dos estados psicológicos perturbadores que surgem nesse estágio da vida. Ele reconhece a tendência inata do indivíduo ao desenvolvimento, que corresponde ao crescimento do corpo e ao amadurecimento gradual de certas funções, apoiado no processo onto-genético e nas bases neurofisiológicas do comportamento: dependência, integração, personalização, mente e psique-soma, fantasia e imaginação, vida instintiva, relação de objeto, espontaneidade, entre outras.

Segundo ele, essa é uma fase que deve ser vivida e é, em essência, uma fase de descoberta pessoal. Cada indivíduo vê-se engajado numa experiência viva, num problema de existir. Para Winnicott, a adolescência tem cura na medida em que o passar do tempo e do desenrolar gradual dos processos de amadurecimento conduzirão o jovem ao surgimento da pessoa adulta.

Para Frankel (1998), a adolescência como fenômeno psicológico clama por uma atenção renovada. Falar da infância é confortável, segundo ele, por sua linguagem e seu discurso, mas a adolescência evoca momentos constrangedores, sentimentos dolorosos, atitudes de retraimento e timidez. Ela não é doce, nem acolhedora, ao contrário, é turbulenta, dolorosa.

Segundo o autor, grande parte do que se observa nos adolescentes seria uma fase de tentativas muitas vezes desesperadas de autoiniciação, esforços para destruir a inocência infantil.

---

[3] A capa de gordura, a mielina, parte de uma célula glial que se afina e se enrola ao redor da fibra de cada neurônio ao redor do axônio. A função da mielina é isolar eletricamente cada axônio, o que permite a condução de impulsos elétricos com maior rapidez (até 100 vezes do que na fibra sem mielina).

Configuração da família e a adolescência

Os filhos crescem e os adultos enfrentam a acomodação de conduta, lutos e reavaliações ao verem o filho adquirindo "características estranhas" ao repertório familiar. Numa família rígida, essa conduta pode desencadear comportamento excessivo de autoridade parental, havendo um confronto dos pais ao se depararem com a perda do filho idealizado e reconhecerem o filho existente, que se mostra para eles com suas limitações, suas reais conquistas e méritos (Castanho, 2014).

O adolescente tem que lidar com as rápidas mudanças corporais enquanto ocorre a maturação física e sexual. Essas transformações o levam a ver os pais com outros olhos e a perceber com mais clareza aspectos sombrios que antes eram idealizados. Essas novas atitudes costumam ser angustiantes para o casal parental, trazendo preocupação e despertando confrontos com seus próprios aspectos sombrios.

O adolescente realiza sua individuação dentro de um contínuo intenso e movimentado relacionamento com seus pais, cuja presença ainda é central em sua existência, pois é sua "matriz de identidade" (Moreno, 1975, p. 9). A família acompanha a puberdade de seu adolescente com vigilância e cuidado. Em alguns casos pode haver um retraimento do pai, que não consegue lidar com a sexualidade que desponta na filha, por exemplo, e em contrapartida outros representantes, como a mãe, tias e avós, acolhem a chegada da menarca.

Gálias (2009) reconhece que a adolescência não é necessariamente problemática ou doentia, mas um período de grandes transformações estimuladas de maneira arquetípica, típicas da espécie humana, não se tratando apenas de conflitos entre os pais decorrentes de diferenças geracionais ou de valores e hábitos, que até podem existir, mas seriam a menor parte do conflito da adolescência.

E como os pais interagem com o adolescente nos dias de hoje?

Atualmente, a maioria dos pais se mostra permissiva demais, apresentando dificuldades de frustrar seus filhos em seus desejos, confundindo permissividade com afeto, dificultando ao adolescente lutar por seus ideais. Há um desejo por parte dos pais de serem aceitos e se verem competentes, ao mesmo tempo, alguns pais mais repressivos inibem o processo de busca e de transformação do adolescente.

Esta fase é caracterizada por um dinamismo de mão dupla, em que pais e filhos devem se transformar. Uma fase de troca de lugares: os filhos devem ocupar o lugar do autocuidado e o pais deixando-se cuidar.

De que maneira esse período pode ser mais bem orientado?

O adolescente é um ser isolado. É como se ele revivesse o isolamento do bebê, e tal qual o bebê deverá repudiar a condição de "não eu" para se constituir como indivíduo distinto, capaz de relacionar-se com os objetos externos ao Self e fora do controle onipotente.

Várias das dificuldades por que passam os adolescentes, e que muitas vezes requerem a intervenção de um profissional, derivam das más condições ambientais, ou seja, interesse do pai, da mãe, de uma organização familiar disfuncional.

Uma das dificuldades dessa fase é que o adolescente busca uma solução imediata para suas questões, mas, ao mesmo tempo, rejeita todas as soluções que encontra. Ainda não consegue alcançar o "meio termo". É preciso tempo, circunstância difícil ao adolescente, que é imediatista.

As teorias psicológicas surgem como lanternas que nos orientam em meio à natureza obscura da psique, pautando o modo como ordenamos e damos sentido às suas complexidades.

Como entendemos essa fase na pós-modernidade?

Historiadores sempre dividiram o mundo em períodos históricos, que chamam de eras, com determinadas características, valores e modos de ser, a que chamam de paradigmas. Quando essas características mudam, dizem que o mundo entrou numa nova era. O período de transição entre uma era e outra é cheio de confusão e desestabilização de valores e costumes, pois estamos mudando nossa maneira de viver, mas ainda não encontramos adequação para se estar no mundo.

A pós-modernidade é o período que se iniciaria aproximadamente a partir da segunda metade do século XX. É caracterizada pela relativização na transmissão dos seus valores, em que assistimos a conflitos entre o novo e o vigente a partir da globalização e das descobertas tecnológicas que influenciam a forma de o homem sentir, pensar, ser e agir no mundo. O desenvolvimento da tecnologia científica foi grande em todas as áreas e o mundo cresceu muito em comodidade e bem-estar, mas não sem consequências negativas, aqui elencadas:

1. ausência de valores definidos;

2. saturação de informações a partir da globalização e tecnologia e sua inferência na economia, que nos impulsiona a importarmos sem pensar costumes e valores que não condizem com nossa realidade;

3. o consumo desenfreado do narcisismo, levando a um afastamento social considerável;

4. o homem adoecido da vontade, vive sem projetos, sem objetivo de vida;

5. dificuldade de sentir é exacerbada;

6. necessidade do prazer imediato.

O enfraquecimento das características institucionais e dos papéis de seus integrantes em níveis familiares apresentam-se no modo de ser de cada um, de forma a aceitar ou tolerar opções, sempre pela busca de prazeres advindos de objetos de satisfação de desejos, considerações do psiquiatra David Léo Levisky[4].

Como a psicologia analítica contribui com questões da dinâmica familiar nesse ciclo de vida?

O paradigma junguiano dirige-se de forma significativa tanto ao mundo intrapsíquico quanto ao coletivo e suas interrelações. Em toda obra de Jung, a ênfase dada é para a importância que a família exerce no desenvolvimento do indivíduo (Caetano, Robles, Pessoa & Fontana, 2015, p. 47).

O interesse de Jung no desenvolvimento limitou-se em grande parte à meia-idade e ao atendimento individual de seus pacientes. No entanto, sua visão abrangente, sua ênfase no inconsciente coletivo e nos arquétipos, sua noção de correlação sincrônica entre pessoas e acontecimentos evidenciam a percepção do ser em seus aspectos relacionais. Quando um

---

[4] Psiquiatra, analista didata da Sociedade Brasileira de Psicanálise de São Paulo (SBP-SP), ligada à Associação Internacional de Psicanálise de São Paulo (IPA). PhD em História Social pela USP, coordenador do projeto-piloto de Prevenção à Violência no Meio Escolar e Adjacências – "Abrace seu bairro".

paciente faz um relato, ouvimos o relato de sua história, que envolve pais, avós, tios e primos, e nos impulsiona a entendermos essa intrincada rede de relações atuantes na família.

Jung observou preferencialmente a vida adulta e não formulou uma teoria do desenvolvimento infantil, no entanto, enfatizou que no início da existência haveria uma predominância da dimensão arquetípica, substrato da psique comum a toda a raça humana.

Seus conceitos e pressupostos centrais alicerçados na estrutura arquetípica da psique são usados no entendimento da dinâmica arquetípica, onde essa estrutura guarda na essência um potencial muito mais abrangente para se compreender os relacionamentos humanos nas suas diversas formas de expressão e contexto (Benedito, 2014, p. 139).

Sua teoria afirma que o ciclo vital é orquestrado por estruturas arquetípicas que se manifestam como potencialidades em certos períodos críticos do desenvolvimento biopsicossocial. As imagens arquetípicas manifestam-se por meio das vivências e estas possibilitam a personificação. Assim, é importante que a vivência vá gerando consciência e, a cada ciclo de vida, as estruturas arquetípicas possam se atualizar.

Quais são os arquétipos estruturantes de funcionamentos comuns a toda espécie humana?

Um arquétipo é essencialmente um conceito relacional e interacional. A experiência arquetípica é inconsciente e se expressa de várias formas, levando-nos a compartilhar vivências organizadoras no plano pessoal e na psique coletiva. São estruturas cujas imagens correspondem a processos de natureza subjetiva e interrelacional, ou seja, imagens do eu e do outro vivenciadas não só no relacionamento interno, mas também no mundo das relações externas, formando uma rede sistêmica que nos conecta ao todo psíquico e aos diversos sistemas aos quais pertencemos (Benedito, 2014, p. 139).

Podemos citar o arquétipo da grande mãe. Esse arquétipo cuida de nossas necessidades básicas, como fome, sede, sono. O arquétipo do pai traz a objetividade, separa os opostos. O indivíduo está destinado a viver o arquétipo do pai e para isso necessita de uma experiência com seu pai real ou seu representante.

O arquétipo do herói é mobilizado no sistema familiar na adolescência para lidar com as situações de crise e de tanta transformação exigida.

O arquétipo do velho sábio é mobilizado na fase adulta em direção à senescência, isto é, ajuda o indivíduo a se preparar para o fim da vida. Na organização familiar, sua manifestação é evidente, mas cada família vivencia essas estruturas de maneiras diferentes. Como isso se dá?

Por meio da família, que é a primeira a receber as projeções arquetípicas do Self do bebê.

É o ambiente familiar que ativa e desdobra a alma dentro de cada um de nós ao nascer. O incessante ato de nutrir da mãe e do pai arquetípicos valida o corpo e seu despertar sensorial, bem como a psique e seu despertar. É em sua companhia que buscamos tornar-nos indivíduos conectados, mas ao mesmo tempo separados de laços de complexidade afetiva.

O indivíduo desenvolve uma forma personalizada dessa estrutura coletiva. Se houver falhas nessa vivência e os membros da família atuarem de maneira coletiva, o indivíduo agirá de modo também coletivo, com atitudes convencionais, sem espontaneidade.

É necessário contestar os pais reais, retirando suas projeções arquetípicas, fato que possibilitará ao adolescente elaborar uma resposta individual, que deverá acontecer na interação do indivíduo com o outro na família ou fora dela.

O segmento da psique que Jung (1981) chamou de persona, um outro arquétipo, refere-se às formas diversas que o indivíduo elege para se organizar, viver e se adaptar em sociedade, intermediando seu mundo interno e externo, na busca de certa adaptação no mundo social e familiar.

A sombra é outro aspecto da personalidade que não se encontra disponível ao indivíduo por ser inconsciente e considerada negativa, isto é, uma soma de qualidades desagradáveis que o indivíduo pretende esconder. Sendo inconscientes, tais conteúdos são projetados no outro, criados nas dinâmicas vinculares.

Vale lembrar que na sombra podem estar contidos elementos ainda não desenvolvidos, mas que se expressam na projeção como tentativa da psique de integrá-los na consciência.

Por sua vez, os arquétipos *animus* e *anima* são constelados com a vivência da sexualidade no ciclo da adolescência, em que os relacionamentos e o interesse pelo outro ganham importância e são fonte de conflito.

Para Jung (2002), é por meio da tensão dos opostos e de seu movimento que ocorre a transformação, assim, **é** natural a tensão gerada entre pais e filhos quanto à oscilação no filho, entre uma posição mais infantil e outra mais madura.

Qual a importância do arquétipo do herói no sistema familiar e para o adolescente?

O arquétipo do herói está relacionado à adolescência, época de mudanças corporais e psicológicas que tornam o indivíduo apto a exercer sua sexualidade de forma genital, entre outras mudanças.

A estrutura básica do mito do herói é a de um processo de afastamento ou isolamento do indivíduo, seguido da busca de algo de grande importância para ele ou para seu povo. A estrutura é atuante na puberdade, momento em que a criança é compelida a desistir da infância e a se tornar um adulto – para morrer em relação à sua personalidade e psique infantis e retornar como adulto responsável (Campbell, 1990, p. 133).

O significado subjacente a esse mito é a formação do ego e da consciência, marcando a transição da infância para a vida adulta. Ao término desse processo, o indivíduo estará preparado para assumir o seu lugar na sociedade e enfrentar as vicissitudes da vida.

Muitas vezes, o mito do herói, denominação dada por Jung a esse arquétipo, que em termos psicológicos representa a formação da consciência e da autonomia do eu, quando ativado no sistema familiar, traz à consciência uma força /energia a mais, para lidar com situações de mudança (Gálias, 2004). O círculo familiar, nesse caso, precisa estar permeável para dar condições para esse movimento ocorrer, graças à ativação do Self familiar, do arquétipo do herói.

Como vimos, enquanto os filhos estão vivendo sua adolescência, os pais revivem a sua própria, com transformações novas, iniciando sua senescência (Galiás 2009). Esse processo se dá num movimento alternado da libido em dois sentidos: exogâmico e endogâmico. É importante que esses movimentos se deem entre os filhos e seus pais de forma sincronizada, ou seja, que o núcleo familiar acompanhe os movimentos de afastamento e de aproximação alternados dos filhos em relação aos pais. O exercício da alteridade deve ser constante.

Como se dá a estruturação dos arquétipos no sistema familiar com adolescentes?

A teoria junguiana é sistêmica. A psique é imaginada como um sistema autorregulador composto de dois centros. Um deles, com o qual nascemos, é inconsciente, o Self, no qual se situam os arquétipos, matrizes de comportamentos herdados enquanto espécie. É a partir desses arquétipos que iremos estruturar nossa consciência, nosso segundo centro: o ego. Ego e Self formam um eixo, povoado de símbolos produzidos pelos arquétipos, que mantém esses dois centros continuamente em contato (Vargas, 2014). Assim se estrutura a personalidade, que se tudo der certo irá desenvolver seus potenciais inatos, tornando-os conscientes.

Sistema familiar e a expressão dos arquétipos

Jung denominou o arquétipo da grande mãe aludindo a sua função ao nosso comportamento maternal, isto é, nossa capacidade de pedir, aceitar e dispensar cuidados maternos a nós mesmos e ao outro, carinho e proteção. Na díade mãe-filho, ou adulto cuidador maternal-filho, enquanto um se estrutura no papel de mãe, outro se estrutura no papel complementar Fm (Galias, 2000).

Já o arquétipo do pai cuida do mundo dos limites, do que deve ser separado. Na díade criança-pai, enquanto se estrutura na consciência do adulto o papel "pai", na consciência da criança se estrutura o papel complementar Fp.

Essas estruturações constituem os circuitos parentais e estarão bastante ativadas na família durante toda a infância dos filhos.

Como dito anteriormente, o arquétipo do herói será ativado no sistema familiar com adolescentes, uma vez que situações de crises se manifestam com mais frequência, até porque para lidar com os movimentos autônomos do filho é necessária coragem por parte dos pais. Seria um novo nascimento. O arquétipo do herói prepara o adolescente para sua nova estrutura arquetípica (*anima* para a mulher e *animus* para o homem) rumo a um funcionamento de alteridade, ou seja, a transcendência dos arquétipos parentais.

O adolescente contribui para a individuação da família?

A teoria junguiana compreende a família como sendo um sistema, com um Self familiar, coordenador da busca da individuação fundamental para a compreensão dos comportamentos saudáveis e disfuncionais. Por ser um sistema vivo, a família deve ampliar suas possibilidades para sobreviver, corrigir desvios de funcionamento, evoluir e acompanhar as transformações do mundo. A ação estruturante da família amplia a consciência e o desenvolvimento individual e social, porém, a homeostase familiar muitas vezes se apresenta em sintomas fixados e paralisados, resultantes de famílias de acomodação. A homeostase familiar, atuando na sombra, a serviço da disfunção existencial, configura aspectos patológicos de destrutividade, deformando a formação da personalidade de seus membros.

O terapeuta familiar, nesses casos, deve trabalhar para abalar essa homeostase organizada pelos sintomas, que paralisa a individuação familiar, provocando crises na família para haver mudanças, podendo levá-la a transformar a família de acomodação em família de individuação.

O Self familiar é um grande transformador psicossocial, cujo potencial é expresso no processo de individuação do Self individual e na presença da criatividade coletiva do Self cultural.

A família que viveu a proximidade pais-criança deve se reestruturar com a nova distância de que o jovem necessita para seu processo de individuação. Os pais devem entendê-lo em sua nova perspectiva e seus papéis, e para isso precisam ceder em relação ao poder que exercem sobre o filho na infância, para que ele fique livre para questionar os valores familiares e desenvolver suas próprias opiniões. É esperada uma oscilação do adolescente entre ser filho e ser ADULTO: a libido exogâmica o impulsiona para fora e a endogâmica o traz de volta para o papel de filho. Se os pais puderem compreender esse movimento de idas e vindas como natural no processo de transformação, o jovem e o casal se beneficiarão com os novos padrões de funcionamento familiar. É importante lembrar que se relacionar com um adolescente não é mais difícil do que foi com uma criança, mas requer outras habilidades, inclusive a de reconhecerem-se como pais reais, capazes de mediar e compreender que as oposições do adolescente visam à sua diferenciação.

Referências

Benedito, V. L di. Y. (2014). Desenvolvimento e conflito na Família com filhos adolescentes: Abordagem Simbólico-Arquetípica. In Castanho, G. M. P., & Dias, M. L. *Terapia de família com adolescentes*. São Paulo: Guanabara Koogan.

Bloise, P. V. (s.d.). A adolescência o arquétipo do herói: Dependência e desenvolvimento. *Núcleo de Integração Mente, Corpo e Espiritualidade*. http//www.nucleoantrhropos.com

Blumenthal, L. (2021). Filhos adolescentes e pais na meia-idade: a dupla crise como oportunidade de desenvolvimento. In Benedito, V. L. D. *Desafios à terapia de casal e de família*. São Paulo: Summus.

Byington, C. A. B. A. (2014). As sete fases da Vida e a crise da Adolescência Estudo da Psicologia Simbólica Junguiana. In Castanho, G. M. P., & Dias, M. L. *Terapia de família com adolescentes*. São Paulo: Guanabara Koogan.

Caetano, A. A. M., Robles, D. R. T., Pessoa, M. S. C., Fontana, O. M. (2021). A psicologia Analítica e terapia familiar na clínica junguiana. In Benedito, V. L. D. *Desafios à terapia de casal e de família*. São Paulo: Summus.

Castanho, G. M. P. (2014). O adolescente e a escolha profissional. In Castanho, G. M. P., & Dias, M. L. *Terapia de família com adolescentes*. São Paulo: Guanabara Koogan.

Castanho, G M. P., & Dia, M. L. (2014). Psicoterapia de Famílias com adolescentes/visão da Psicologia Analítica. In Castanho, G. M. P., & Dias, M. L. *Terapia de família com adolescentes*. São Paulo: Guanabara Koogan.

Calligaris, C. (2000). *A adolescência*. São Paulo: Publifolha.

Campbell, J., Moyers, B. (1990). (Trad. Carlos Felipe Moisés). *O Poder do Mito*. São Paulo: Palas Athenas.

Cerveny, C. M. O. (1997). *Família e Ciclo de Vida: nossa realidade em pesquisa*. São Paulo: Casa do Psicólogo.

Corso, D. L. (2006). *Fadas no Divã*. Porto Alegre: Artmed.

Erickson, E. H. (1972). *Identidade: juventude e crise*. Rio de Janeiro: Zahar.

Frankel, R. (2021). *A psique adolescente: perspectivas junguianas e winnicottianas*. (Trad. Cláudia de Oliveira Dornelles). Petrópolis: Vozes.

Frota, A. M. M. C (2007). Diferentes concepções da infância e adolescência: a importância da historicidade para sua construção. *Estudos & Pesquisas em Psicologia, 7*(1).

Gálias, I. (2000). Psicopatologia das relações assimétricas. Junguiana, *18*, 113-132. In Castanho, G. M. P., & Dias, M. L. (2014). *Terapia de família com adolescentes*. São Paulo: Guanabara Koogan.

Grupo para o Adiantamento da Psiquiatria. (1974). *Dinâmicas da adolescência*. Cultrix, São Paulo.

Herculano-Houzel, S. (2013). *O cérebro adolescente: A neurociência da transformação da criança em adulto*. https://lotuspsicanalise.com.br/biblioteca/Suzane_Herculano_Housel_O_Cerebro_Adolescente.pdf

Idoeta, P. A. (2019). Dicas de um pai neurocientista para lidar com os adolescentes. BBC News Brasil. https://www.bbc.com/portuguese/geral-48303263

Jung, C. G. (1981). *O desenvolvimento da personalidade*, O.C. (vol. 16). Petrópolis: Vozes.

Jung, C. G. (2000). As etapas da vida humana In Jung, C. G. *A natureza da psique*, O.C. (vol. 8/2, 5a ed). Petrópolis: Vozes.

Jung, C. G. (2002). *A energia psíquica*, O.C. (v.8. 18a ed). Petrópolis: Vozes.

Jung, C. G. (2022). O desenvolvimento da personalidade. In Vectore. C., & Rodrigues, S. (Orgs.) *Atravessamentos Junguianos: diálogos entre Psicologia, Artes e Individuação*. Uberlândia: Vincere Solaris.

Martins, C. T. M., & Ferreira, T. D. R. (2022). A potência adolescente na perspectiva da Psicologia Analítica: O Patrono de Harry Potter e o ViraTempo. In Vectore. C., & Rodrigues, S. (Orgs.) *Atravessamentos Junguianos: diálogos entre Psicologia, Artes e Individuação*. Uberlândia: Vincere Solaris.

Moreno, J. L. (1975). *Psicodrama São Paulo*. São Paulo: Cultrix.

Neumann E. (1991). *A criança*. São Paulo: Cultrix.

Neurociência: entenda como funciona o cérebro do adolescente. (2023). https://edifyeducation.com.br/blog/neurociencia-entenda-como-funciona-o-cerebro-doadolescente/#:~:text=Vulnerabilidade%2C%20ajustes%2C%20emo%-C3%A7%C3%B5es%20intensas%2C,a%20vida%20de%20um%20adolescente. In Canavez, F., & Camara, L. (2020). O laço social contemporâneo a partir da experiência adolescente. *Estilos Clin.*, *25*(2). https://doi.org/10.11606/issn.1981-1624.v25i2p000264-279

Rychilak, J. E. (1991). Jung as Dialectician and teologist. In Papadoulos, R., & Saayman, G. (Orgs.) Jung in Moodern Perspective. Bridport: Prism Press, In Frankel, R. (2021). *A psique adolescente: perspectivas junguianas e winnicottianas.* Petrópolis: Vozes.

Saito, M. (2001). Medicina de adolescentes: visão histórica e perspectiva atual. In Saito, M. I.; Silva, L. E. V. da; Leal, M. M. (Eds.). (2014). *Adolescência, Preservação e Risco.* São Paulo: Atheneu.

Samuels, A. (org.) (1991). *Psychopathology: Contemporary Junguian Perspective.* Nova Iorque: Guilfor.

Seixas, M. R. (2014). O contexto da adolescência no mundo atual. In Castanho, G. M. P., & Dias, M. L. *Terapia de família com adolescentes.* São Paulo: Guanabara Koogan..

Silva, A. L. P., & Soares, D. H. P. (2001). A orientação profissional como rito preliminar de passagem: sua importância clínica. *Psicol. em Est.*, *6*(2).

Tocci, A. M. (1995). Ritrovando il bambino nel pensiero de Jung. In Montechi, F. I. *Simboli dell'infanzia.* Roma: La Nuova Italia Scientifica.

Vargas, N. S. (2014). Psicoterapia de famílias com adolescentes: visão da Psicologia Analítica. In Castanho, G. M. P., & Dias, M. L. *Terapia de família com adolescentes.* São Paulo: Guanabara Koogan.

Winnicott, D. W. (2023). *Família e Desenvolvimento Individual.* (Trad. Marcelo Brandão Cipoll). São Paulo: Martins Fontes.

Yashubita, F. M. (s.d.). *Toxicomania e Adolescência: A transgressão do mito do herói.* São Paulo: Martins Fontes.

4.

QUANDO O SUICÍDIO VISITA A FAMÍLIA: O QUE FOI QUE EU PERDI

Nenhuma dor é tão mortal quanto a da luta para sermos nós mesmos.

(Ievguêni Vinokurov)

O suicídio é um dos temas limites da Psicologia, uma questão da vida. Crescemos desistindo ou abrindo mão de alguns vínculos com outras pessoas. Mas o que dizer sobre a morte literal por meio do suicídio quando se apresenta como um modo de sair de conflitos insuportáveis?

Para Durkheim (1977, p. 43), "as causas da morte estão fora de nós e não dentro de nós e são eficazes apenas se penetrarmos em sua esfera de atividade". Doka (1989, p. 3-11) emprega o termo "luto não reconhecido" quando uma pessoa experiencia uma perda que não pode ser admitida abertamente e, sendo assim, o luto não pode ser expresso. Segundo Doka, o não reconhecimento pode ocorrer quando a sociedade estabelece "normas" de quando, como, quem, onde e como se enlutar. Em sociedades complexas como a nossa, regras e normas de convivência são igualmente complexas. O não reconhecimento do luto cria um sofrimento adicional aos que ficam.

Falar sobre suicídio sempre foi um tabu. Não há explicação fácil para um fenômeno tão complexo quanto esse.

Segundo dados da OMS, mais de 700 mil pessoas morrem por ano devido ao suicídio, o que representa uma a cada 100 mortes registradas. Ainda de acordo com a OMS, as taxas mundiais de suicídio estão diminuindo, mas na região das Américas os números vão crescendo. Entre 2000 e 2009, a taxa global diminuiu 36%. No mesmo período, nas Américas elas aumentaram 17%. Entre jovens de 15 a 29 anos, o suicídio representa a quarta causa de morte mais recorrente, atrás de acidentes de trânsito, tuberculose e violência interpessoal, com taxas variando entre países, regiões, homens ou mulheres.

No Brasil, desde 2014 a Associação Brasileira de Psiquiatria em parceria com o Conselho Federal de Medicina realiza a campanha Setembro Amarelo com o objetivo de reduzir esses índices. Anualmente, mais de 700 mil pessoas cometem suicídio, segundo OMS[5].

Há muita subnotificação decorrente do estigma social que favorece a omissão de casos, uma vez que quem se suicida é visto negativamente, sendo imputado a essa pessoa, caso sobreviva, estigmas que podem evoluir para intervenções terapêuticas. O perfil das famílias inseridas no contexto suicida é de organizarem suas relações em torno de histórias opressoras construídas através das gerações, possivelmente geradas pelo excesso de regulação exercida sobre o indivíduo, tornando-o vítima da opressão mental. Essas histórias muitas vezes impedem o desenvolvimento da autonomia individual, uma vez que a dinâmica familiar toma as oportunidades de "narrar a si mesmo" como uma ameaça ao sistema de lealdades, que pretende manter a continuidade da família dentro de um dado padrão, dificultando uma renegociação dos códigos relacionais. Dessa forma, o sofrimento se apresenta como emoção que limita o novo, surgindo o comportamento suicida como alternativa.

Podemos entender o suicídio como sendo resultado de uma negligência silenciada?

O termo "luto não reconhecido" é usado quando se quer falar sobre suicídio. É empregado quando alguém experimenta uma perda que não pode ser admitida abertamente, em que o luto não pode ser expresso e suportado socialmente.

Por que isso ocorre dessa forma?

Na morte por suicídio, Casellato (2013, p. 23) "destacou como uma [...] sobreposição de diferentes aspectos de não franqueamento social, comprometendo ainda mais o enfrentamento e a elaboração da perda". "Ela [...] não apenas representa a culminância de um sofrimento insuportável para o indivíduo, mas significa uma dor perpétua e um questionamento torturante, infindável para os que ficam" (De Leo, 2012, p. 7).

O não reconhecimento pode ocorrer sempre que a sociedade inibe o luto com suas normas explícitas ou implícitas de quando, por quem, onde e como se enlutar!

---

[5] Disponível em: https://www.gov.br/saude/pt-br/assuntos/noticias/2022/setembro/anualmente-mais-de-700-mil-pessoas-cometem-suicidio-segundo-oms.

Émile Durkheim, filósofo do século XIX, aponta que o suicídio é fruto do progresso, da industrialização, da instrução veloz. Para compreender o fenômeno suicida, Durkheim considerou a integração nas relações sociais e sua regulação como requisitos morais de pertencimento de um grupo. Durkheim traz para a Sociologia o conceito de anomia como consequência de um estado patológico da sociedade, ou seja, um indivíduo ignorado, excluído, pobre, marginalizado, inserido numa sociedade que lhe exige deveres e lhe confere poucos direitos.

Snheidman (1993), considerado o pai da suicidologia, apostava na importância de se fazer a posvenção, uma vez que o suicídio é um comportamento inquietante pela complexidade de fatores que o envolvem, quer seja fatores genéticos, sociais, biológicos, históricos e culturais, e pelos dados oficiais, indicando o crescimento de suas taxas, tornando-o uma questão de saúde pública no mundo inteiro, variando de acordo com aspectos culturais, regionais e sociodemográficos, sendo urgente identificar sua causa, descrever o perfil das pessoas, analisar a mortalidade no país e regiões, considerando as diferenças de gênero e idade. É bom lembrar que os fatores de proteção influenciam muito o desenvolvimento psíquico desde a mais tenra idade. Importante saber quais os fatores de proteção que devem estar presentes na vida do indivíduo relacionados com a vida pessoal, profissional, social e financeira, no sentido de garantir uma boa autoestima, um suporte familiar, sociabilidade bem estabelecida entre amigos e familiares, religiosidade própria e ausência de doença mental[6].

Tendo em vista esse quadro geral, podemos admitir que o suicídio é um ato complexo e estigmatizado, envolvido em tabus culturais, sociais e religiosos, que amplificam o processo de luto, contribuindo para uma experiência dolorosa, devastadora e traumatizante. No mundo ocidental, o preconceito diante do suicídio provoca efeitos desconfortáveis em quem fica, trazendo sentimentos de culpa, vergonha e exclusão. Para muitos estudiosos, o suicídio é uma expressão radical de uma crise de despersonalização. O mundo contemporâneo assumiu abertamente tendências destrutivas.

Chegamos ao século XXI, em que a anomia se apresenta na ordem do dia. Há um desencanto social disseminado, insatisfação de expectativas e a dura realidade política, social e econômica deflagram uma crise de desesperança imensa, seguida da quebra de valores tradicionais: casamento, menor natalidade, desemprego, maior criminalidade e menor espiritualidade.

---

[6] Disponível em: https://www.setembroamarelo.com/post/suicidio-fatores-protetores.

Ao gesto suicida, subentende-se a pergunta: a vida vale ou não vale ser vivida? Nesse sentido, o suicídio é um dos grandes temas-limite para um terapeuta. Nele, a morte passa a ser uma experiência do não ser, revestindo-se de responsabilidade ética. A preocupação do analista, voltada à saúde da alma, diz respeito à vida psicológica e não à vida física. Para um analista, a via de acesso para a morte é psicológica, isto é, feita por meio da experiência de morte em sua própria psique.

Viver a vida é uma questão fundamental. Eduardo Sá (2001), psicólogo português, aponta que *"ninguém se mata para morrer, mas como forma desesperada de comunicar a dor"*. A partir disso, considera cinco formas de comportamentos suicidas:

- desespero do abandono;

- raiva narcísica;

- ruminação obsessiva;

- forma de aniquilar a dor;

- forma de vingança.

Diante desse quadro, "O que será que faz a pessoa querer viver?"

Vale lembrar que um dos fatores importantes de proteção ao suicídio é a família.

Um lar desestruturado é um laboratório de crises existenciais. É preciso haver espaço para a amizade, para o diálogo e para o desabafo (Lopes, p.24-25). A espiritualidade pode representar um lugar de pertencimento e de encontro, como outro fator protetivo importante, uma fonte inspiradora na superação de crises existenciais e na busca pelo equilíbrio emocional e espiritual. Terapias, aconselhamentos e sites especializados ao acolhimento de pessoas em crise suicida são também mais um fator de proteção à crise.

Outro fator protetivo advém de literatura, palestras, artigos, complementando um conjunto de ações para o apoio do indivíduo e da família.

Durkheim afirma, em seu clássico trabalho sobre o tema, que *"as causas da morte estão fora e não dentro de nós"* e são eficazes apenas se penetrarmos em sua esfera de atividade. Ele desloca o foco associado ao suicídio do indivíduo para a sociedade, da moral para os problemas sociais.

Estamos considerando o ambiente sociocultural como sendo o agente promotor de sentido de vida e do *modo como devemos nos comportar*, além disso, considerando também a herança genética que influencia a nossa mente.

Freud, em suas obras *Luto e melancolia* (1917) e em *Além do Princípio do Prazer* (1920), distingue dois instintos: o de vida (*Eros*) e o de morte (*Thanatos*). Este último, trata-se de uma tendência inata do indivíduo à autodestruição. Ele considera que as pulsões de morte e as pulsões de vida dirigem nosso funcionamento psíquico. Mas, se estamos falando de sofrimento, o que é sofrimento?

Sofrimento é indicativo de que algo não está bem dentro de mim em relação a um passado, um presente e/ou um futuro, mas ainda não é um mal. Implica *"eu ter que dar conta da minha dor em relação ao outro"*. O sofrimento se intensifica se não houver capacidade de simbolizá-lo. Se o indivíduo não tem essa capacidade, há o risco iminente de captar o perigo no registro do real, pois há uma diminuição na capacidade interna de se frustrar.

A dor psíquica e a constrição cognitiva que não "nos permite ponderar opções de saída" nos leva à ideia de suicídio. Por isso, para lidar com o sofrimento é preciso desenvolver mecanismos adaptativos como forma de viver as angústias e frustrações do dia a dia. É bom lembrar que o suicida quer a vida, mas não quer o sofrimento. Ele se defronta com um dilema: quer viver e morrer ao mesmo tempo. O resultado será determinado pela força desses desejos. Deve-se considerar também que nem sempre o indivíduo está lúcido ou consciente da consequência de seu ato.

O suicídio não é só morrer, é matar também. Como explicar o comportamento e a repercussão do estigma do suicida historicamente? O conceito humano sobre o suicídio sofreu inúmeras variações no decorrer dos séculos. Sua história é a história da humanidade.

Aristóteles, filósofo grego (384 a.C.), ao argumentar que "o suicídio enfraquece a economia e perturba os deuses", possibilitou a formação do estigma do suicida. Na Antiguidade, o suicídio sempre foi severamente punido. Lucrécio (99 a.C.), filósofo romano ateísta, ponderava que a morte era nada e o suicídio era louvável. Na Grécia, em torno do quarto século a.C. o suicídio era um ato clandestino, patológico e solitário. Em Atenas cortava-se a mão daquele que o cometia e a enterravam longe do corpo do indivíduo. Para os estoicos (século 3 a.c.) o suicídio era exaltado, refletido na máxima estoica: "é lícito morrer a quem não interessa viver".

O suicídio para Sêneca não deve ser fruto de um determinismo absoluto, mas sim de um ato livre, motivo pelo qual o filósofo enaltecia a sua prática enquanto vitória do homem sobre problemas intransponíveis encontrado na trajetória moral. Para ele, o suicídio é uma afirmação de liberdade pessoal, uma maneira de o homem sentir-se vitorioso frente ao destino, de burlar a sorte, quando esta lhe parece traiçoeira.

No século I d.C. o apóstolo Paulo estabeleceu princípios contrários ao suicídio: "não te faças algum mal porque todos aqui estamos" (At. 16.27,28).

Na tradição judaico-cristã, até o século IV, o suicídio não era um tema evidente. A partir de Santo Agostinho de Hipona passou a ser aplicada uma posição extremamente dura a respeito do suicídio, negando sua legitimidade e suas circunstâncias, sendo considerado um ato inaceitável no contexto dos valores cristãos. Desde então, a Igreja começou a reprimir todos os atos suicidas, pois "aqueles que se desfazem da vida" usurpam as funções justiceiras da Igreja e devem ser tratados como "discípulos de Judas".

Na Idade Média, do século V ao X, a vida individual era considerada pertencente a Deus, sendo castigado aquele que se atentasse contra ela. Tomás de Aquino, filósofo romano (1225 d.C.), afirmava que o suicídio era antinatural, contrário ao amor, uma ofensa à família e à comunidade e uma usurpação do poder de Deus.

A partir dos séculos XVI e XVII, com a Revolução Francesa, a Igreja e a sociedade tornaram-se mais tolerantes com relação ao suicídio. Arthur Schopenhauer, filósofo alemão do século XIX, considerava o suicídio como a única solução lógica à existência humana indefesa e presa aos sofrimentos.

A história revela como os indivíduos que cometem o suicídio passam a ser estigmatizados como fracos, sem fé, de má índole. Isso se intensifica por falta de apoio da sociedade e das esferas governamentais que minimamente apoiam o indivíduo e a família.

O suicídio nos dias atuais não é mais considerado crime. Passou ao interesse da Psiquiatria, com grandes contribuições da Sociologia, Psicologia e outras áreas, mas mantendo, no entanto, seu estigma, interferindo de forma significativa na jornada dos sobreviventes, ao colaborar para que o luto por suicídio não encontre espaço concreto, nem simbólico, para sua expressão, validação e intervenção.

Essas concepções e atitudes apontadas ao longo da história permanecem dentro de nós. Torna-se fundamental, antes de atendermos pessoas em crise suicida, que nos perguntemos: quais são minhas atitudes e meu valores em relação ao comportamento suicida? Como costumo reagir diante de pessoas que já tentaram suicidar-se? Estou próximo do senador romano, do pregador medieval ou do existencialista da modernidade?

Essa consciência diante das próprias atitudes em relação ao suicida permite modificá-las, levando a uma aproximação mais empírica do paciente.

Feito isso, perguntas ao indivíduo em crise suicida são levantadas: qual o motivo para você ter feito isso? Será que queria morrer? Foi algo planejado? Foi impulsivo? Tentou resolver o problema de outra maneira e não conseguiu? Qual o significado da morte para você? O que o faz desistir dessa ideia? O que você acha que vai acontecer comigo se você levar adiante essa ideia?

O comportamento suicida é a materialidade do fracasso da empatia, que busca "uma forma de validar o próprio sofrimento".

Estudiosos do comportamento suicida enfatizam que o conhecimento dos motivos que levam a esse comportamento não deve ser exclusividade no âmbito específico da área médica, e sim ser objeto de estudos sociológicos, antropológicos, psiquiátricos e das demais ciências. No entanto, há tendências que consideram fatores biológicos como predominantes e que o ato suicida tem correlação com transtornos psiquiátricos, como a presença de transtorno do impulso, um importante fator de risco, seguidos de aspectos genéticos do comportamento suicida. Já outros estudiosos do assunto atribuem o transtorno mental como o fator de risco mais importante para o suicídio. Do ponto de vista da Bioética, o suicídio é entendido como objeto de interesse latente, afetando o respeito à humanidade e as questões relativas à autonomia. Nesse sentido, o suicídio como ação autodestrutiva corresponde a um ato de violência intencional, em que esse comportamento atinge a própria essência da nossa civilização, comprometendo o bem e o futuro da humanidade.

Seria, no entanto, a autodestruição uma solução para o desespero humano? A pergunta que parece necessária ser feita é: como compreender o suicídio se o tema vida/morte é uma vivência de todos nós? A morte é o a priori humano, vida e morte não são opostos excludentes, mas se contêm mutuamente, sendo compreensíveis se colocadas uma em relação à outra.

A vida e a morte chegam ao mundo juntas para todos: no momento em que nasço, tenho idade suficiente para morrer. A morte é uma condição da vida. Entra-se na morte continuamente e não somente no momento da morte.

Para a sociedade atual, a finitude e a morte estão associadas ao fracasso, por isso a sociedade não as admite, conotando-as como sinais de fraqueza. O homem contemporâneo não está habituado à morte e ao morrer, vive num cenário imposto por ideologias. No entanto, vivemos numa sociedade em que dia a dia o distanciamento social aumenta, gerando isolamento social, e a consequência disso é uma grande solidão na alma e a provável desilusão na vida.

Ao nos depararmos com o suicídio, nos confrontamos com muitas perguntas difíceis, que nos angustiam e nos deixam sem respostas. Uma delas seria a crença de que nossa vida não nos pertence! O suicídio aponta que desistirmos dela é culturalmente um ato abominável e agressivo. É o último e irreversível estágio da autoagressão, a violência fatal contra si para pôr fim a uma dor maior do que a vontade de viver. O suicida procura a morte como forma de alívio de sua grande dor. Busca a morte quando perde uma vida de sentido.

E o que dizer sobre a falta de rituais?

Vimos que historicamente os rituais funerários eram proibidos quando se tratava de suicídio. Hoje, em função do estigma, o suicídio é considerado uma traição por parte de quem morre. Por si só essa situação colabora para a não realização dos rituais previstos a quem morre. Frequentemente, existe a recusa deliberada do enlutado em ritualizar – ou porque nega, ou por impossibilidade de comparecer ao ritual, ou por não receber apoio social adequado e não conseguir expressar suas crenças e valores com relação à perda, dificultando o enlutamento.

Diante dessas questões, é preciso considerar que muitos enlutados não são reconhecidos, como as crianças e os adolescentes, porque os familiares ficam em dúvida se devem ou não contar o ocorrido a eles, excluindo-os do contexto da perda. De maneira análoga, o luto do profissional que perde um paciente por suicídio também não é reconhecido, recebendo, ao contrário do que se espera, carga negativa vinda dos familiares, responsabilizando-o pela perda.

Um suicídio "bem-sucedido" contamina psicologicamente outras pessoas?

Apesar de ser um ato solitário, o suicídio sempre afeta muitas pessoas, trazendo consequências duradouras para muitos, porque vem associado a: mistério, vergonha, raiva, desesperança, ressentimento, vingança, busca por solução, pedido de ajuda, sonhos não realizados, arrependimentos.

É bom ressaltar que um dos enganos do suicídio é que ele não mata a causa que o estimula. O suicídio não põe um ponto-final na dor que aperta o peito e atormenta a alma. É uma prática equivocada acerca da natureza da vida, da morte, do tempo e da eternidade.

O suicídio é visto como um comportamento causado por ações externas?

Quanto mais científico se torna o estudo sobre o suicídio, mais ele deve ser encarado do ponto de vista externo: toda morte é simplesmente morte. Sempre parece igual. Por exemplo: quedas e afogamentos representam 10,9% de todas as mortes por causas externas. Quando o suicídio é uma descrição do comportamento e definido como autodestruição, todos os suicídios são suicídios. É o assassinato de si mesmo. Então, se a morte é encarada do ponto de vista exterior, qual é o seu significado? Que lugar resta para a alma e sua experiência de morte?

Via de regra, os principais fatores associados ao suicídio são motivados por doenças mentais. Estudiosos sobre o suicídio concordam que a primeira tarefa importante para seu entendimento seria partir de uma classificação dos tipos de suicídio: patológicos, altruístas, egoístas, anônimos, passivos, crônicos, religiosos, políticos. Investigações culturais apontam variações de atitudes em relação à frequência do suicídio em países diferentes e em alguns períodos históricos. Quando retrocedemos no tempo e estudamos culturas e povos antigos, temos a impressão de que o homem sempre abominou a morte e sempre a repelirá. Do ponto de vista psiquiátrico, isso é bastante compreensível, pois explica a noção básica de que em nosso inconsciente a morte nunca será possível quando se trata de nós mesmos. É inconcebível para o inconsciente imaginar um fim real para nossa vida na Terra e, se a vida tiver um fim, este será atribuído a uma intervenção maligna fora do nosso alcance. Então, em nosso inconsciente, só podemos ser mortos porque a morte está ligada a uma ação má, algo medonho que incita recompensa ou castigo.

Edwin Shneidman substitui as palavras "suicídio" e "morte" por "autodestruição", "término", que são carregadas de emoção, de "vida psicológica".

O ódio ao corpo, o sadomasoquismo, a vingança e a chantagem podem ser considerados como questões centrais do existir que levam ao suicídio?

Como dito anteriormente, sentimentos de raiva, frustração, debilidade e confusão geralmente são sentimentos que envolvem a motivação para o suicídio.

Para James Hillman, o suicídio não deve ser visto como uma saída da vida, mas como uma entrada na alma. O que quer a alma ao apresentar na mente essa ideia inominável e a vontade de praticá-la? Essa proposição seria simbólica dentro da perspectiva da alma? Simbolicamente, a morte é o evento central em psicoterapia, até porque sempre deve ocorrer uma "morte" do ego antigo para que o ego renasça em seus valores. Com frequência, o ego mergulha no literalismo, isto é, a saída da complexidade da vida via redução óbvia. Nesse contexto, pode-se considerar o suicídio como solução para conflitos insuperáveis?

Os comportamentos suicidas nos dão uma pista a respeito de nosso "assassino interior", quem é essa sombra e o que ela quer. Como terapeutas, buscamos a transformação psicológica e a individuação, não devendo cair nos literalismos da Psiquiatria, que aborda somente a morte concreta. O que isso significa para cada um de nós?

A temática do suicídio, em sua natureza complexa e multidimensional, pode ser vista em diferentes perspectivas. Na perspectiva do desenvolvimento humano, as manifestações de uma crise podem se dar de forma vital, inerentes a esse desenvolvimento, e derivam de acontecimentos raros, em que o indivíduo perde o controle sobre elas. Essa crise pode ser tão dolorosa quanto útil, até porque o significado de uma situação inesperada precisa ser encontrado e integrado à história do indivíduo.

Como explicar uma crise suicida no núcleo familiar?

A etimologia da palavra "crise" deriva do grego *krisis*, significa "separação". Então, uma crise é a ação ou a faculdade de distinguir e tomar decisão. Sendo assim, uma crise pode levar ao colapso existencial, acarretando vivência de angústia e desamparo seguida de incapacidade, esgotamento e falta de perspectiva de solução. Se essa capacidade ultrapassar a capacidade pessoal de reação e adaptação, isso pode aumentar a vulnerabilidade para o suicídio como solução para algo insuportável.

Na crise suicida, há a exacerbação de uma doença mental existente ou turbulência emocional que sucede um acontecimento doloroso ou vários deles e irrompe um colapso existencial. Como consequência, pode surgir o desejo de interrompê-la por meio da cessação do viver.

Como os familiares vivenciam uma situação de um luto diferenciado?

A presença do comportamento suicida na família pode ser percebida, num primeiro momento, como uma questão pontual decorrente da situação identificada como desencadeadora do ato autodestrutivo. A crise desencadeada pela tentativa de suicídio é uma experiência complexa, construída pelas histórias passadas, pelas presentes e pelas expectativas em torno do futuro, cujo sofrimento pode paralisar a família, gerando crenças de que o desejo de morte constituiria uma ameaça ao sistema familiar.

A morte de um ente querido por suicídio não é experienciada como um acontecimento normal, natural. Desencadeia intensa mobilização emocional, uma vez que aspectos muito sofridos são acessados com o ocorrido. É grande o número de famílias que, por medo de atitudes acusatórias e de julgamentos às vezes precipitados e injustos, optam por esconder a situação real vivida, tendo de viver com o dilema da ocultação da verdade, para não sofrer com a exposição de seus conflitos pessoais e familiares, pois tal atitude denotaria um lar desestruturado, uma matriz de crises existenciais, já que é na família que se ganha ou se perde a batalha pela vida, na maioria das vezes por falta de espaço, amizade e acolhimento.

Os familiares se tornam vulneráveis e inseguros, além de desenvolverem sentimento de culpa em relação ao ocorrido. Há desmedida: dramatismo excessivo ou encobrimento via silêncio evitador tornando o fato "memórias proibidas", que passam entre as gerações. Via de regra, representa a culminância de um sofrimento insuportável para o indivíduo e também uma dor perpétua e um questionamento torturante, infindável aos que ficam.

A abordagem prevalente é de que há uma família disfuncional. Geralmente, as famílias atribuem a conduta suicida de filhos adolescentes a fatores externos. Para Shneidman, a família será mais saudável se souber estimular a adaptabilidade e a coesão, bem como a regulação afetivo-comunicacional.

Com frequência, os segredos envolvem tabus e acontecimentos penosos do passado ou do presente, justificando a motivação suicida, uma vez que podem estar atrelados a alguma violação do código moral da família. Alguns enlutados negam o suicídio, tentam escamotear a verdade para si mesmos ou argumentam que alguns integrantes são frágeis e deverão ser poupados. Essa conduta defensiva impede possíveis acusações entre os integrantes da família. Esse manejo contribui muito para um possível isolamento do integrante evitador.

Entretanto, se um sistema familiar for aberto e tiver boa comunicação, há menor chance de sentirem vergonha. As famílias fechadas, leais às regras do "não falar", "não sentir" e "não confiar" muitas vezes criam mitos ou histórias falsas para encobrir a verdade.

Atitudes que conduzem à ação

As atitudes influenciam o que fazemos ou o que deixamos de fazer pelos pacientes que atendemos. O medo de sermos responsabilizados pela morte de um paciente leva muitos profissionais a evitarem o trabalho com pessoas potencialmente suicidas. Aqueles que aceitam o desafio percebem que o temor tende a obscurecer suas percepções, que contaminam o manejo adequado ao atendimento. Ao supormos que em toda a situação há o risco de suicídio e que o paciente procurou uma rede salvadora, qual a capacidade de continência dessa rede que parece tão poderosa e tão solitária?

É importante desconstruirmos crenças e preconceitos e problematizarmos a natureza da rede salvadora, na qual nos transformamos quando assumimos o papel de agentes de prevenção do suicídio.

É necessário ter em mente algumas crenças errôneas em relação ao suicídio, tais como:

- *"Se eu perguntar sobre suicídio, poderei induzir o paciente a praticá-lo";*
- *"Ele ameaça se suicidar só para manipular";*
- *"Quem quer se matar se mata mesmo!";*
- *"O suicídio só ocorre quando há uma doença mental";*
- *"No lugar dele eu também me mataria";*
- *"Veja se da próxima vez você se mata mesmo!";*
- *"Quem se mata é bem diferente de quem tenta!"* (World Health Organization, 2013; Botega, Rapeli & Cais, 2002).

Como conversar com o adolescente com relação à prevenção do suicídio?

Apresenta-se a seguir um quadro com seis passos efetivos à prevenção do suicídio de um estudo da *American Psycological Association*.

1. Expressar preocupação sobre o suicídio.
2. Escutar verdadeiramente: qual é o seu sofrimento? Me diga mais sobre como você se sente!
3. Ajudar o jovem a manter suas conexões de amizades, escola, familiares.
4. Ser compassivo. Compreender a dor.
5. Confiar no julgamento e na intuição que se tem do risco de suicídio.
6. Priorizar a segurança do adolescente.

A isso, acrescenta-se como buscar ajuda nos serviços públicos:

- Centro de Atenção Psicossocial (CAPS) da região;
- Unidades Básicas de Saúde;

- Unidades de Saúde da Família;
- Unidades de Pronto Atendimento (UPAS);
- Serviço de Atendimento Móvel de Urgência (Samu) – 192;
- Pronto Socorro Psiquiátrico (24 h);
- Centro de Valorização da Vida (CVV) – 188 (24 h).

Referências

Barraclough, M. B. (1992). The Bible suicides. Acta Psichiatriac Scand., *86*(1), 64-9. In Silva, T. de P. S. da, Sougey, E. B., Silva, J. Estigma social no comportamento suicida: reflexões bioéticas. (2015). *Rev. bioét.*, *23*(2). https:/doi.org/10.1590/1983-80422015232080

Bertolote, J. M. (2012). *O suicídio e sua prevenção*. São Paulo: Editora da Unesp.

Botega N. J., Rapeli C. B., & Cais C. F. S. (2002). Comportamento suicida. In Botega N. J. (Org.). *Prática psiquiátrica no hospital geral. Interconsulta e emergência*. 3a ed. Porto Alegre: Artmed.

Botega, N. J. (2015). *Crise suicida: avaliação e manejo*. (e-PUB).Porto Alegre: Artmed.

Casellato, G. (org.). (2013). *Dor silenciosa ou dor silenciada? Perdas e lutos não reconhecidos por enlutados e sociedade*. 2a ed. Niterói: Polo Books.

Cassorla, R. M. S. (2021). *Estudos sobre o suicídio: psicanálise e saúde mental*. São Paulo: Blucher.

Daolio E. R. (2012). Suicídio, tema de reflexão bioética. Rev. Bioét., *20*(3), 436-41. In Silva, T. de P. S. da, Sougey, E. B., Silva, J. (2015). Estigma social no comportamento suicida: reflexões bioéticas. *Rev. bioét.*, *23*(2). https:/doi.org/10.1590/1983-80422015232080

De Leo, D. (2012). Apresentação. In Bertolote, J. M. *O suicídio e sua prevenção*. São Paulo: Editora da Unesp.

Doka, K. J. (1989). *Disenfranchised grief, recognizing hidden sorrone*. Nova Iorque: Lexington Books.

Durkheim, E. (1897). *Le suicide*. Paris: Félix Alcan.

Durkheim, E. (2001). O suicídio. Editorial Presença. In Saraiva, C. B. (2010). Suicídio: de Durkheim a Shneidman, do determinismo social à dor psicológica individual. *Psiquiatria Clínica, 31*(3).

Farberow, N. L., & Shneidman, E. S. (Eds.). (1985). *The cry for help*. Nova Iorque: MacGraw-Hill.

Freud, S. (1957). Mournig and melancolia. London: Hogart Press. In Saraiva, C. B. (2010). Suicídio: de Durkheim a Shneidman, do determinismo social à dor psicológica individual. *Psiquiatria Clínica, 31*(3).

Freud, S. (1996). Além do Princípio do Prazer. In Saraiva, C. B. (2010). Suicídio: de Durkheim a Shneidman, do determinismo social à dor psicológica individual. *Psiquiatria Clínica, 31*(3).

Hillman, J. (2009). *Suicídio e Alma*. (Trad. Maria Caiuby Labate). 3a ed. Petrópolis: Vozes.

Kübler-Ross, E. (2012). *Sobre a morte e o morrer*. (Trad. Paulo Menezes). 9a ed. São Paulo, Martins Fontes.

Lovisi, G. M., Santos, S. A., Legay, L., Abelha, L., Valencia, E. (2009). Análise epidemiológica do suicídio no Brasil entre 1980 e 2006. *Rev. Bras. Psiquiatr., 31*. DOI: http://dx.doi.org/10.1590/S1516-44462009000600007

Lopes, H. D. (2007). *Suicídio: causas, mitos e prevenções*. São Paulo: Hagnos.

Machado, D. B., Santos. D. N. dos (2015). Suicídio no Brasil entre 2000 e 2012. *J. bras. psiquiatr., 64*(1). https://doi.org/10.1590/0047-2085000000056

Magalhães, A. V. de C., & Caixeta, M. S. (1998). Tentativa de Suicídio em Franca: um Estudo Epidemiológico (projeto de graduação). *Folha de S. Paulo*. https://www1.folha.uol.com.br/fsp/ribeirao/ri20099806.htm

Mahon, K., Burdick, K. E., Wu, J., Ardekani, B. A., Szesko, P. R. (2012). Relationship between suicidality and impulsivity in bipolar I disorder. A difusion tensor Imaging study. *Bipolar Disord, 14*(1), 80-89.

Mason, M. J. (2002). Vergonha, reservatório para os segredos de família. In Imber-Black, E. *Os segredos na família e na terapia familiar*. Porto Alegre: Artmed.

Organização Mundial da Saúde. (2022). *Relatório mundial da Saúde. Saúde mental: nova concepção, nova esperança*. Lisboa: OMS.

Organização Pan-Americana da Saúde. (2010). A dinâmica familiar no contexto da crise suicida. *Psio-USF, 15*(1), 59-70.

Pirateli, M. A., & Melo, J. J. P. (2006). A morte no pensamento de Lucui Aneu Seneca. *Periódicos.uem.br, 28*(1), 63-71.

Sá, E. (2001). Morrer para quê? *Psiquiatria clínica, 22*(1), 127-129.

Sena-Ferreira N., Pessoa, V. F., Barros, R. B., Figueiredo, A. E. B., Mmanayo, M. C. S. (2014). Risk factors associated with suicides em Palmas in the state of Tocantins, Brazil, between 2006 and 2009 investigated by psycho-social autopsy ciency. *Saúde Coletiva, 19*(1), 115-26.

Shneidman, E. S. (1993). *Suicide, as psychache*. Nova Iorque: Wiley.

Silva, D. R. (2009). *E a vida continua. o processo de luto dos pais após o suicídio de um filho* (Dissertação de Mestrado), Pontifícia Universidade de São Paulo, São Paulo.

Silva, D. R. (2015). Na trilha do silencio: múltiplos desafios do luto por suicídio. In Casellato, G. *O resgate da empatia - Suporte psicológico ao luto não reconhecido*. São Paulo: Summus.

Silva, T. de P. S. da, Sougey, E. B., Silva, J. Estigma social no comportamento suicida: reflexões bioéticas. (2015). *Rev. bioét., 23*(2). https:/doi.org/10.1590/1983-80422015232080

Tadros G. D. (2001). The stigma of suicide. *Br J Psychiatry, 179*. In Silva, T. de P. S. da, Sougey, E. B., Silva, J. Estigma social no comportamento suicida: reflexões bioéticas. (2015). *Rev. bioét., 23*(2). https:/doi.org/10.1590/1983-80422015232080

World Health Organization. (2013). *Comprehensive mental healt action plan*. 2013-2020 Geneva: WHO.

5.

FAMÍLIA E RELAÇÕES TÓXICAS: DESSENSIBILIZAR TRAUMAS VIVIDOS NA INFÂNCIA

> *Na psiquiatria, em muitos casos, o paciente que nos procura tem uma história não contada que, por via de regra, ninguém conhece. Para mim, a terapia só começa realmente depois de um exame completo dessa história pessoal. Ela é o segredo do paciente, a rocha contra a qual ele é despedaçado.*
>
> *(Jung, 1963 p. 117)*

> *Esta planta gostaria de crescer*
> *E ao mesmo tempo ser embrião*
> *Aumentar e contudo escapar*
> *Do destino de tomar forma.*
>
> *(Richard Wilbur)*

A estrada do desenvolvimento humano sempre foi pavimentada com renúncia, uma vez que nascemos vulneráveis, dependentes, necessitando do amor do outro. Crescemos desistindo até de certas partes queridas de nós mesmos. Passamos a vida enfrentando tudo o que jamais teremos e tudo o que jamais seremos.

Falar sobre relações tóxicas é de certa forma falar de perdas ligadas à renúncia dos sonhos ou dos relacionamentos ideais, a favor das realidades humanas e das conexões imperfeitas.

Esse tema das relações tóxicas está na mídia, em conversas com amigos, no noticiário e no consultório. Perdemos por abandonar e por sermos abandonados, por mudar e deixar coisas para trás, seguir nosso caminho. Nossas perdas incluem não apenas separações e partidas dos que amamos, mas a perda consciente e inconsciente de sonhos românticos, expectativas impossíveis, ilusões de liberdade, poder e segurança. Essas perdas estão ligadas ao nosso crescimento.

A necessidade de sermos pessoas diferentes tem a mesma urgência que o desejo de nos fundirmos para sempre. Ao sermos privados em nossa infância do que é essencial, essa privação pode ser comparada a um ferimento profundo, um ferimento com cicatrização difícil e lenta. O prejuízo, ainda que não seja fatal, pode ser permanente, até porque o trauma não termina com a cessação da violação externa, mas prossegue com vigor no mundo interno da vítima, comumente por meio de *sonhos assombrados por figuras opressoras*.

Mas o que acontece no mundo interior quando o mundo exterior é insuportável? Como a psique reage internamente aos eventos caóticos da vida que produzem efeitos negativos na psique infantil, tal qual ocorre em dependências insatisfeitas acumuladas, atingindo um efeito devastador no desenvolvimento?

Quais padrões de fantasias inconscientes fornecem um significado interior para a vítima do trauma, quando eventos abaladores destroem completamente o significado externo? Como a psique compensa esse trauma?

Winnicott (1963, p. 90) descreve como "agonias primitivas" e Kohut (1977, p. 104) chama de "ansiedade de desintegração" um medo terrível associado à dissolução ameaçada de um eu coerente. Já Freud (1920b, p. 27) a nomeia de "experiência intolerável" descrevendo-a como "escudo de proteção contra os estímulos". Vivenciar essas ansiedades aniquila a personalidade humana, destruindo o espírito pessoal.

A psicanálise entendeu, há muito tempo, que essas defesas primitivas não apenas caracterizam a psicopatologia grave como também a causam. Na literatura contemporânea, essas defesas não recebem méritos, pois são inadaptáveis na vida posterior do paciente.

Pesquisas clínicas demonstram que quando um trauma atinge a psique em desenvolvimento de uma criança, tem lugar uma fragmentação da consciência na qual as diferentes "partes" que Jung chamava de psiques fragmentadas se organizam de acordo com padrões arcaicos: os arquétipos, sizígias formadas por seres personificados, como homem/mulher, claro/escuro. Uma das partes do ego regressa ao período infantil e outra progride, adapta-se ao mundo exterior num falso Self (Winnicott,

1960). A parte da psique que progrediu cuida da parte que regrediu, formando uma estrutura dual. A parte que regrediu passa a representar o eu criança: o inocente que permanece oculto. Esse inocente remanescente do eu total parece representar um núcleo do "espírito pessoal imperecível da pessoa, que para os egípcios era chamado de "alma-Ba" (alquimia). Esse espírito sempre foi um mistério, uma essência da individualidade que nunca é totalmente entendida, sendo similar à essência imperecível que Jung chama de Self. A violação desse núcleo interior da personalidade é inconcebível. Por esse motivo, as defesas arquetípicas não medirão esforços para proteger o Self quando outras defesas falham, chegando ao ponto de matar a personalidade que abriga esse espírito pessoal.

Muitas vezes nos deixamos abusar numa relação de confiança, como a família, em relações de intimidade ou qualquer relação entre Eu e o Outro. Nesse caso, o assédio que se apresenta deve ser reconhecido. Essa é a chave para rompermos com o que é tóxico, uma vez que supomos que quem amamos nos protegerá. Precisamos reconhecer se estamos sofrendo ou não.

Então o que falha? O que gera uma situação abusiva? Por que não conseguimos colocar limites em relação ao desejo do outro? E de um outro abusivo?

No núcleo familiar, a relação de poder a princípio é natural, com um pai e uma mãe, pois nascemos frágeis e dependentes. Por alguma razão, num dado momento, podemos ir construindo uma ideia de fragilidade, quando supomos que o outro sempre sabe mais e pode mais.

Mas por que me coloco no lugar da falta?

É preciso ir em busca de um enunciado que nos ajude a entender e lidar simbolicamente com uma relação tóxica e entender de que lugar de fala estamos em uma convivência tão difícil como essa.

O que é um trauma? Relações tóxicas traumatizam?

Trauma é uma vivência insuportável e intolerável. Um trauma implica uma interrupção na continuidade da vida de modo que as defesas primitivas se organizam para se defender contra a repetição de uma "ansiedade inconcebível" ou a volta do agudo estado confuso referente à desintegração da estrutura egóica, fato que pode ocorrer, por exemplo, aos filhos de mães deprimidas, que se tornam ansiosos e inseguros, ou a mulheres casadas com homens acometidos de transtorno de estresse pós-traumático (TEPT).

Na linguagem junguiana, o termo "inconcebível" de ansiedade surge quando energias arquetípicas deixam de ser humanizadas e a criança ou bebê é deixada na mão da mãe terrível. Um trauma afeta todo o organismo humano: o corpo, a mente e o cérebro. As pessoas expostas a traumas, quer seja por estupro, abandono ou guerras, ficam tão perturbadas que tentam expulsar essas lembranças da mente para seguirem em frente, como se nada tivesse acontecido. A reação normal da psique a uma experiência traumática é se retirar da cena do dano. Acontece que a parte do cérebro situada abaixo do cérebro racional esquerdo, responsável pelo pensamento analítico, dedicada a garantir a sobrevivência, não lida muito bem com a negação. Se a retirada não for possível, uma parte do eu precisa ser recolhida e, para que isso aconteça, o ego precisa se dividir em fragmentos ou se dissociar.

Mecanismos de defesa entram em ação como forma de as pessoas lidarem com os conflitos em suas vidas. Dependendo da personalidade e das circunstâncias que moldaram nossas vidas, uma pessoa pode reagir diferentemente de outra ao impacto emocional do fracasso projetando; enquanto outra pode rir e seguir em frente, outra tem um acesso de raiva e outra pode entrar em negação. Portanto, os mecanismos de defesa não são iguais às decisões que elas tomam diariamente, uma vez que as últimas são escolhas feitas conscientemente e os primeiros são processos inconscientes.

Jung (1904), em seu teste de associação de palavras, demonstrou que a dissociação é uma parte normal das defesas da psique contra o impacto nocivo do trauma. Ela permite que a vida continue fragmentando a experiência insuportável e distribuindo-a para diferentes compartimentos da mente e do corpo, principalmente em aspectos inconscientes do corpo e da mente. Para a pessoa que vivenciou uma dor insuportável, a defesa psicológica da dissociação permite que a vida exterior prossiga, mas com grande custo interior. Certos afetos não conseguem ser processados com os recursos normais do ego e recursos mais profundos precisam ser organizados. Estes são as defesas protetoras do Self, que bloqueiam o caminho do ego nos momentos traumáticos – metaforicamente, funcionam como um disjuntor psíquico. Cabe lembrar que a interpretação da psique para Jung é de que "a base essencial de nossa personalidade é a afetividade. O pensamento e a ação são por assim dizer apenas sintomas da afetividade" (Jung, 1907, par. 78). Um exemplo disso é o TEPT, quando o corpo continua a se defender de uma ameaça que ficou no passado.

Uma experiência traumática pode se reativar ao menor sinal de perigo, mobilizando circuitos cerebrais prejudicados, produzindo uma quantidade enorme do hormônio do estresse, que faz surgir emoções desagradáveis, sensações físicas intensas e ações impulsivas e agressivas.

Como seres humanos, temos grande capacidade de adaptação. Somos capazes de nos recuperar de guerras, pandemias, desastres naturais, violência e traição. No entanto, as experiências traumáticas deixam marcas nos lares, nas famílias, com seus conteúdos e segredos que passam de geração a geração, imprimindo marcas na mente, nas emoções, na capacidade de desfrutar alegrias e prazeres, no sistema biológico e no imunológico.

O que significa a palavra "tóxico"? O que é uma relação tóxica?

Etimologicamante, a palavra *toxicum*, segundo Diderot e D´Alembert, filósofos do século XVIII, significa "veneno" (*Dicionário clássico da língua francesa*, século XVIII). No século XIX, Littré (filósofo e lexográfico, autor do *Dicionário da língua francesa*) refere-se ao termo como "veneno mortal", sendo tudo aquilo que contém a possibilidade de envenenar. Robert (1992), ainda no *Dicionário de língua francesa*, retorna o sentido "veneno" dado à palavra nos séculos XVIII e XIX.

Então, relações tóxicas são relações envenenadas, compostas de pequenos atos privados de abuso praticados diariamente num ambiente aparentemente protetor, uma espécie de violência psicológica, emocional, que de certa maneira parece ser invisível.

Essa violência a conta-gotas, com tendência a se tornar uma torrente, não deixa marcas aparentes, pois é sutil, e a vítima muitas vezes fracassa em reconhecê-la como tal. Dessa forma, pouco a pouco vai aniquilando seu bem-estar e sua autoestima.

Relações familiares tóxicas se caracterizam por um abuso da confiança, uma espécie de violência não física que mantém a vítima, ou as vítimas, numa relação de subserviência constante. Sem sequer agredir fisicamente uma pessoa, o abusador submete o outro à sua vontade, sem brigas muitas vezes. Essas sutis manifestações de abuso não físico nem sempre são reconhecidas pelo outro. O que mantém o abuso sempre vivo e crescente é o inferno em que vivem.

Portanto, é uma relação que prejudica mais do que beneficia, pois são marcadas por comportamentos negativos que minam a autoestima do outro. Um exemplo disso é quando o abusado acredita que é culpado da situação, fica responsável por sua solução, retroalimentando a relação para se livrar da culpa. Nem sempre o abusador odeia a vítima, ele odeia a si mesmo.

O que chamamos de família tóxica?

Via de regra, uma família tóxica se apresenta disfuncional, mantendo comportamentos persistentes e prejudiciais, por seus membros estarem em constantes conflitos que vão ficando "num canto do armário", para o qual os envolvidos não querem olhar, gerando sofrimento e dor. Mas não olhar não significa que as feridas não estejam lá. O diálogo, a empatia e a confiança nesses casos inexistem. Esses fatores relacionais incidem em discussões e ressentimentos quase que permanentes, solapando o bem-estar emocional e psicológico do parente.

Quais os comportamentos comuns num relacionamento tóxico e como identificamos um relacionamento tóxico?

Fazer o outro se sentir angustiado constantemente é um deles. Vale lembrar que, numa família disfuncional, esse comportamento pode se dar por pai, mãe, avós, filhos, adoecendo os demais envolvidos. O abusador quer tê-lo do modo como precisa dele, ou seja, dependente e submisso.

O escritor Marcel Proust era sufocado por sua mãe. Ele nasceu após a invasão da Prússia. A partir dos 9 anos de idade, manifestou asma e morreu de pneumonia. Em 1902, escreveu para a mãe:

> A verdade é que assim que eu me encontro melhor, você destrói tudo, até que eu fique novamente pior, porque a vida que me causa melhora a irrita [...]. Mas é doloroso não poder ter ao mesmo tempo seu afeto e minha saúde. (Miller, 1999, p. 62).

Aqui o abuso é o amor. Proust chegou a escrever: "inspiro tanto ar e não consigo expirá-lo, tudo o que ela me dá, tem que ser bom para mim, mesmo que me sufoque".

Quais são os efeitos de uma relação tóxica?

O dano do abuso psicológico é mais difícil de ser eliminado do que do abuso físico, pois induzir alguém ao que pensar enfraquece sua mente, forçando a pessoa a repetir de forma mecânica o pensamento do abusador.

Um dos piores efeitos na mente de uma pessoa abusada é ela se tornar manipulável. Ela se acostuma a ser manipulada consciente e inconscientemente, a ter suas opiniões ignoradas, a ser impedida de sair de casa ou se encontrar com amigos ou familiares. Na dinâmica do abusador e da vítima, ele ordena que sua vítima tenha pensamentos e sentimentos determinados e, ainda mais, os coloca dentro de seu cérebro, convencendo-a de que são seus próprios pensamentos.

Jung chama de Self o princípio central regulatório e ordenador inconsciente da psique, que requer uma revisão na presença de um grande trauma. Os efeitos do trauma podem ser "esquecidos", mas as sequelas psicológicas do trauma continuarão a assombrar o mundo interior, como descobriu Jung, na forma de certas imagens que se agrupam em torno de um afeto intenso, chamado de complexo de tonalidade afetiva, que irá se comportar de forma autônoma, como seres interiores assustadores, que podem ser representados em sonhos como monstros. Para ele:

> [...] um complexo traumático causa a dissociação da psique. O complexo não está sob o controle da vontade, e por essa razão, possui a qualidade da autonomia psíquica. Sua autonomia psíquica consiste no poder de se manifestar independentemente da vontade, até mesmo em oposição direta às tendências conscientes: ele se impõe tiranicamente à mente consciente. A explosão de afeto é uma completa invasão do indivíduo, ela arremete contra ele como um inimigo ou animal selvagem. Observei com frequência que o afeto traumático típico é representado nos sonhos como um animal selvagem e perigoso, uma ilustração notável da sua natureza autônoma quando separado da consciência. (Jung, 1928, parágrafos 266-267).

Segundo Jung, a doença da psique é tão real quanto a do corpo ou da mente, embora a realidade psicológica seja sutil e difícil de ser retida. Jung afirma que a ideia subjacente da psique prova que ela é uma substância semicorpórea, semiespiritual, uma *anima media natura*, como a chamam os alquimistas, um ser hermafrodita capaz de unir os opostos, mas que nunca é completa no indivíduo, a não ser que esteja relacionado com outro indivíduo.

O ser humano não relacionado carece da totalidade, pois ele só pode encontrar a totalidade por intermédio da alma, e a alma não pode existir sem o outro lado, que é sempre encontrado em um "você". A totalidade é uma combinação do EU e do VOCÊ, e estes se revelam partes de uma unidade transcendente, cuja natureza só pode ser compreendida simbolicamente, como nos símbolos da *rutundum* da rosa, da roda ou do *coniunctio Solis et Luna* (Jung, 1946, parágrafo 454).

Como se submete uma vítima e qual a repercussão disso?

O controle é uma das formas possíveis, seguido do isolamento, do afastamento emocional, sexual e via de regra da humilhação.

A neurociência dedica-se ao impacto das experiências adversas sobre o desenvolvimento da mente, que é a responsável por gerar o pensamento que motiva o cérebro a iniciar seu trabalho de cuidar do funcionamento do corpo, sinais elétricos e resposta emocional quando pensamos em algo que gera emoção. A neurobiologia interpessoal estuda a influência do nosso comportamento nas emoções e a biologia das mentalidades, a interação com as pessoas com as quais convivemos. São três novas áreas científicas que revelam uma explosão de informações sobre os efeitos dos maus tratos, da negligência e do trauma psicológico.

Pesquisas sobre essas novas disciplinas revelam que o trauma provoca mudanças fisiológicas reais, entre as quais está a reconfiguração do sistema de alarme do cérebro, que separa as informações importantes das irrelevantes. O trauma compromete a área cerebral que transmite a sensação física, corpórea, de estar vivo.

Assim sendo, pessoas traumatizadas se tornam adultos hipervigilantes em relação a possíveis ameaças, mesmo que isso prejudique sua espontaneidade na rotina diária e nas suas relações. Essa constatação nos ajuda a entender por que as vítimas passam repetidas vezes pelos mesmos problemas e apresentam dificuldades em aprender com a experiência sem que elas sejam condutas de deficiências morais, pouca força de vontade ou má índole.

Como se inicia um ciclo de relação tóxica?

Como qualquer relacionamento, no início os indícios são velados. Geralmente, o ciclo de abuso se inicia com mensagens subliminares.

"Quando se está vivendo uma relação tóxica, é comum ouvir que *'tudo foi uma brincadeira', 'quero o seu bem'*, mas o ciclo recomeça" (Seger, psicóloga da USP).

Essa conotação de brincadeira interpretada como ciúme *"porque gosta de mim"* ou desqualificação, *"como você é burrinha"*, vai sendo interiorizada como demonstração de envolvimento afetivo. E a realidade vai sendo negada, o desrespeito já começa a anunciar o abuso.

Lenore E. Walker (1979), psicóloga americana, fundadora do Instituto de violência doméstica, identificou o ciclo tóxico:

- construção das tensões como forma de controlar o comportamento do outro, o isolamento da vítima, humilhações e ofensas verbais a ela dirigidas;

- explosão da violência, podendo ser física, psicológica, patrimonial, moral ou sexual;

- reconciliação ou lua de mel, quando a pessoa pede perdão, faz promessas de mudança e há reconciliação.

A vítima geralmente minimiza o impacto dos atos sofridos, justificando os atos do agressor *"devido a um dia difícil"*. Aqui, a vítima demonstra certa dependência emocional que retroalimentará as ações depreciativas, as quais deveriam ser contestadas e não acolhidas.

Quais os sinais de um relacionamento tóxico?

Podemos pensar na força manipulatória que se dá nas discussões familiares, por meio de um comportamento sombrio agressivo-passivo, chamando a atenção da vítima, retroalimentando a relação, gerando uma codependência. Nesse caso, a projeção é mantida com convicção: *"Olha o que você me fez sentir"*, *"Eu estou doente depois que você..."*. Desse modo, a vítima se sente obrigada a abrir mão de si própria.

O uso da sedução é comum. O agressor usa de charme e bajulação para ganhar a confiança. As chantagens se apresentam de variadas formas: com vitimização, punição ou a pior de todas: pela recompensa, passível de perpetuar a culpa no outro com o mesmo objetivo que o da manipulação – mantê-lo preso e submetido.

O controle excessivo marca o comportamento tóxico, isto é, o familiar se coloca em posição superior ao outro, dando ideia de que é a hierarquia. Isso inclui constranger o familiar constantemente, minimizando seu valor, inibindo-o emocionalmente e tornando-o inseguro e dependente.

A invasão da privacidade é frequente, pois explica a convicção do abusador de ser essencial ao outro e críticas exageradas fazem a vítima acreditar que está errada.

A falta de comunicação é um pilar importante para manter discussões e conflitos constantemente, principalmente quando o indivíduo fica exposto a um outro ponto de vista, o que consolida um ambiente hostil, inibidor, propício para a projeção, sem nenhuma empatia.

As discussões e os conflitos coroam a relação tóxica familiar. Aqui os conflitos podem se apresentar verbalmente ou não, podendo chegar a confronto físico e violento. A ausência de empatia pelo sofrimento do outro é dominante.

A esse quadro soma-se um elevado nível de exigência, cobranças constantes e expectativas. Aqui, a projeção é o carro-chefe: projeto todos os meus desejos no outro e o outro deverá me atender. Com as expectativas criadas, a cobrança e a exigência se seguirão num embate emocional desgastante e interminável.

A depreciação complementa o nível de exigência e as expectativas. As falas depreciativas, rudes e de menos valia, críticas exageradas e rejeição pressionam a pessoa a suprir os desejos impostos pelo outro. Ansiedade e medo fazem com que a vítima se intimide na tentativa de evitar qualquer reação do agressor. Apoio unilateral significa negligenciar os sentimentos do outro, nessa dinâmica só as dores do agressor são consideradas.

O poder é usado para provar quem está certo ou quem está no comando. Ameaças e dependência podem ser emocionais, psicológicas ou físicas.

Como tratar uma pessoa traumatizada em suas relações?

O problema do trauma não se limita a lidar com o passado. O mais importante é melhorar a qualidade de vida no dia a dia do traumatizado. Um dos motivos pelos quais a memória traumática se mantém dominante é a extrema dificuldade de a pessoa sentir-se viva no presente. Se ela não consegue estar de maneira plena, busca lugares onde se sentiu viva, mesmo que esses lugares sejam dominados por horror e sofrimento.

Nesse sentido, como ressignificar seu lugar no mundo e nas relações após um trauma?

Recuperar-se significa pôr fim a essa contínua mobilização para o estresse e restaurar a segurança pouco a pouco de todo o organismo, ao criar um registro positivo nas relações, aprender a colocar limites e sair da polarização.

Aceitar que se está num relacionamento tóxico já é possibilidade de cura. É preciso entender o tamanho e o impacto do abuso psicológico. A recuperação inclui construir um sistema de apoio, em que amigos, psicólogo e psiquiatra podem ajudar a vítima a perceber mais rapidamente o abuso e com maior nitidez. Investir no autoconhecimento constantemente ajudará a reconhecer com clareza sua vulnerabilidade.

É preciso lembrar que, depois do trauma, a pessoa experimenta o mundo com um sistema nervoso diferente. A energia do sobrevivente se concentra em suprimir o caos interior, em prejuízo do espontâneo em sua vida. Tentativas de manter o controle sobre reações psicológicas insuportáveis podem levar a toda uma gama de sintomas físicos, como fadiga crônica, doenças autoimunes, fibromialgia.

Qual o caminho de ressignificação de um trauma?

Uma das possibilidades se concentra na dessensibilização dos pacientes em relação ao passado, na esperança de que a reposição aos traumas reduza as explosões emocionais e os flashbacks. Isso significa ajudar os pacientes a reconstruírem uma realidade baseada no presente e em segurança. Devemos ajudá-los a reconstruírem as estruturas cerebrais atingidas, tornando-os menos vulneráveis e reativos e incentivando-os a usufruírem de pequenos prazeres.

Referências

Bento, V. E. S. (2006). Tóxico e adicção comparados a paixão e toxicomania: etimologia e psicanálise. *Psicol. USP, 17*(1). https://doi.org/10.1590/S0103-65642006000100011

Bessel, Van der Kolk. (2020). *O corpo guarda as marcas.* (Trad. Donaldson M. Garschagen). Rio de Janeiro: Sextante.

Diderot, D., & D´Alembert, J. L. (1988/1751). *Encyclopédie ou Dictionnaire raisonné des sciences des artes des métiers (vol.1)*. Sttutgart-bad Cannstatt: Friedrich Frommann Verlag (Günter Holzboog).

Encyclopédie ou Dictionnaire Raisonnédes sciences des arts des métiers. (1765). (vol. 16) Sttutgart-bad Cannstatt: Friedrich Frommann Verlag (Günter Holzboog).

Freud, S. (1920). Civilization and its Discontentes. Standart Edition, XXI. In Kalsched, D. (2013). *O mundo interior do trauma: defesas arquetípicas do espírito pessoal* (Coleção Amor e Psique). (Trad. Cláudia Gerpe Duarte). São Paulo: Paulus.

Jung, C. G. (1904). Studies in Word Association. *Collected Works*. (vol. 2).

Jung, C. G. (1907). The psicologyof Dementia Praecox. *Collected Works*, (vol. 3).

Jung, C. G. (1928). The terapeutic Value of Abreaction. *Collected Works*, (vol. 16).

Jung, C. G. (1946). Psychology of the transference. *Collected Works*, (vol. 16).

Jung, C. G. (2010). O desenvolvimento da personalidade, O.C. (vol. 17). Petrópolis: Vozes.

Instituto de Psicologia USP. (s.d.). https//www.ip.usp.br

Kalsched, D. (2013). *O mundo interior do trauma: defesas arquetípicas do espírito pessoal.* (Coleção Amor e Psique). (Trad. Cláudia Gerpe Duarte). São Paulo: Paulus.

Kohut, H. (1977). *The analysisod the Self*. Nova Iorque: International Universities Press.

Littré, É. (2018). *Dictionnaire de la langue française*. France: Galimard & Hachette.

Miller, A. (2011). *A revolta do corpo*. (Trad. Gercélia Batista de Oliveira Mendes). São Paulo: Martins Fontes.

Miller, M. S. (1999). *Feridas invisíveis*. (Trad. Denise Maria Bolanho). São Paulo: Summus.

Proust, M. (1970). Briefwechsel, mit der Mutter. (Seleção e tradução alemã Helga Rieger com prefácio e comentários de Philip Kolb). Frankfurt am Mai: Suhrkamp. In Miller, A. (2011). *A revolta do corpo*.

Robert, P. (1992). *Le petit Robert 11: dictionnaire alphabétique et analogique de la langue française*. Paris: Le Robert.

Viorst, J. (2005). *Perdas necessárias*. (Trad. Aulyde Soares Rodrigues). 4a ed. São Paulo: Melhoramentos.

Winnicott, D. W. (1965). Ego Distortion in Terms of true and False Self. In *The Maturational Process andthe Facilitating Environment 1960ª*. Londres: Hogarth Press.

6.

HOMOSSEXUALIDADE E DROGADIÇÃO: SEGREDO E REVELAÇÃO NA FAMÍLIA

Segredos em famílias constituem um problema penoso. Podem destruir famílias em uma geração e passar como uma herança maldita para a próxima, criando uma tradição de enganos e evasivas que não têm mais uma origem discernível. Segredos tornam-se um tema central dentro da família, envolvendo seus membros em alianças inconscientes. Um segredo invade todo o espaço familiar porque sua existência é negada.

Guardar um segredo bloqueia o fluxo de informações entre as pessoas, privando-as do conhecimento da verdade, criando um rompimento nos vínculos, prejudicando a intimidade, confundindo e distorcendo, desdobrando-se em tensões desnecessárias. As soluções sobre sua existência circulam entre expô-lo até localizar os intrincados padrões de relacionamento que o originaram. Foucault aponta que segredo e silêncio dizem respeito ao relacionamento entre conhecimento e poder.

Quando a família se tornou o cliente, cogitou-se "o que fazer" quando um dos membros nos solicitava que mantivéssemos em segredo conteúdos, acontecimentos dos outros familiares.

Há uma inquietação sobre a real motivação da manutenção de um segredo: uma família não o revela para evitar a catástrofe e outra acredita que será catastrófico não o revelar. Como tirarmos, então, os segredos da sombra?

A visão histórica dos segredos na terapia familiar

A maioria dos teóricos familiares tendem a pensar que os segredos nas famílias são manobras de manutenção da homeostasia, manobras defensivas. Mas por quê?

Nessa perspectiva, eles existem para a proteção do grupo familiar como expectativa de ligar a família e os membros sintomáticos de forma rígida ou disfuncional, passando a ser reconhecidos como fenômenos destrutivos.

Há a hipótese de que os segredos sejam conspiratórios, pois surgem e reforçam experiências que amparam respostas como vergonha, culpa, humilhação e medo. Esses sentimentos que mobilizam o segredo forçam nossas histórias a descerem para o subsolo, afastando nossos traumas de maneira dissociada.

Que sentimentos são desencadeados nessa dinâmica? Os segredos engessam a família?

É no núcleo familiar que se encontra um espaço fértil para o surgimento e a manutenção de segredos, uma vez que a família representa o lugar onde os membros estão ligados por vínculos indissolúveis, originados nas relações de parentesco ao longo das gerações. Dessa forma, os segredos podem ser mantidos por um deles ou compartilhados pelo grupo familiar. Cada família constrói uma versão consciente e outra inconsciente de sua história, que mostra e encobre suas vicissitudes por meio do mito familiar, fonte das transferências.

O caráter da transmissão dos segredos ligados à vergonha ou traumas é sempre não verbal, havendo um esforço dos integrantes responsáveis por mantê-los, com o objetivo de não desorganizar o grupo familiar. Aqui se revela a homeostase, todos os elementos envolvidos trabalham para que nada mude. Os segredos se manifestam na forma de comportamentos, palavras, manifestações corporais, gestos e olhares que se repetem para garantir que estes se mantenham ocultos.

Quem guarda o segredo não "abaixa a guarda". Precisa tê-lo em mente, para não correr o risco de revelá-lo sem querer.

Mas todo o investimento na comunicação dos envolvidos e aliados não passa despercebido pelas crianças, que percebem a tensão constante existente no ambiente familiar e, por não saberem claramente a origem da tensão, atribuem a causa delas a si próprias, culpabilizando-se. Buscam explicar o que está velado. Buscam explicar o inexplicável, construindo crenças e mitos que se manifestam muitas vezes nos comportamentos sintomáticos. Um exemplo disso são os pais alcóolatras que, de alguma maneira, tentam esconder seu vício dos filhos. Os desatinos causados no ambiente são reconhecidos pela criança como causados por ela.

As tensões e conflitos produzidos pelos segredos permanecem insolúveis e as informações para sua resolução inacessíveis. Mas, os segredos de família devem ser mantidos em segredo?

Essa é uma grande questão. Por que algumas famílias guardam segredos?

Segredos familiares são considerados sistêmicos, pois dizem respeito aos relacionamentos, moldam as díades, formam triângulos e alianças encobertas, divisões, rompimentos, delimitam quem "está dentro" e quem "está fora". Calibram a intimidade e o distanciamento nos relacionamentos.

O grupo dos que sabem ou que não sabem um segredo impede um bom relacionamento na família, por manterem-se envoltos numa aura de segredo, como: a exposição a situações de violência e o uso de drogas. Na maioria dos casos há uma tentativa de evitar estressores adicionais num contexto familiar com tantas dificuldades. Esses fatores de risco da família podem contribuir para a coabitação entre diferentes gerações: o papel do cuidador ser feito pela figura dos avós devido aos desafios que os pais enfrentam para oferecer um cuidado de qualidade a seus filhos, por exemplo, por dependência de drogas ou álcool.

O segredo como um processo universal tem importância em todos os relacionamentos sociais, em todos os níveis sociopolíticos e todas as sociedades. É permeado pela relação entre o sistema cultural ou macrocontexto, marcado pelas regras sociais quanto a gênero, cultura e classe social, a nível familiar, ou mesocontexto e a nível psicológico, ou microcontexto, devendo ser compreendido em seu contexto sócio-histórico. Falamos, então, que vivemos um mito de conformidade social do qual não devemos nos desviar. Os membros da família leais aos parâmetros da comunidade sociocultural experienciam um senso de vergonha quando violam a lei social ou o código moral.

O que chamamos de segredo? E de privacidade?

Um dilema para terapeutas gira em torno de segredo e privacidade. Um segredo familiar pode ser compreendido como uma omissão intencional de uma informação que influencia diretamente os membros da família (Brown-Smith, 1998; Imber-Black 1994; Rober, Walravens & Versteynen, 2012), portanto, é um acobertamento formal de uma informação consciente e deliberada. É motivado pela vergonha que ele causa, sendo a ponte entre privacidade e vergonha.

Privacidade é o direito de ser deixado só, preservando um conteúdo que somente a si mesmo diz respeito. Envolve o encobrimento voluntário em vez de obrigatório. Segredos estão conectados com medo e ansiedade quanto à revelação, enquanto a privacidade implica certa zona de conforto.

Podemos, como ilustração, considerar contextos em que pode ser sensato esconder a própria identidade. Um exemplo disso ocorre com lésbicas e gays que tentam mesclar-se no grupo dominante escondendo sua orientação sexual a fim de evitar a desaprovação social, ou de imigrantes que fazem cirurgias no nariz para diminuí-lo ou mudam seus costumes a fim de esconderem sua etnia.

A vergonha sobre algum fato que não nos causa orgulho motiva a formação do segredo?

A vergonha é refletida em nosso sistema ecológico, político, familiar, religioso e individual. Então, falamos da vergonha a partir do contexto social em que estamos inseridos. O segredo pode ser o resultado de fatos reais ocultados pela vergonha e culpa por não poderem ter expressão e serem partilhados na família, onde, via de regra, são transmitidos às outras gerações, tornando-se muitas vezes um mito familiar.

Geralmente, um segredo oculta fatos que não correspondem às rígidas exigências de um padrão familiar. Representam dilemas éticos que não podem ser resolvidos por "regras" simples e acabam por deturpar a comunicação entre os subsistemas familiares, favorecendo comportamentos sintomáticos dentro do núcleo familiar.

Segredo e sintoma se relacionam, podendo ser compreendidos de quatro formas:

1. *o sintoma pode surgir por conta da constante manutenção do segredo, uma vez que quem o guarda se torna ansioso, e os que não têm conhecimento dele também desenvolvem ansiedade pela tensão que paira no ambiente (é o caso de alcoolismo e drogas);*

2. *o segredo passa a ser percebido como uma expressão simbólica de emoções conectadas a ele como no caso de um avô ou avó querido que morre e o pai da criança diz a ela que eles viajaram. O significado disso pode ser explicado pela dor narcísica que esse pai sofreu pelo abandono de seu próprio pai e então prefere dizer ao filho que o avô viajou;*

3. *o sintoma mantido em segredo pela família por vergonha ou estigmatização compromete os recursos possíveis para sua revelação pois, ao se manter o segredo, aumenta sua força racional em omiti-lo;*

4. o sintoma pode funcionar como distração para algum segredo insuportável. Ao se preferir acreditar que meu pai "morreu" a admitir que ele me abandonou. Dessa forma, é no conteúdo do segredo que se encontram as origens do estigma, ou seja, por vergonha ou medo da revelação e da dissolução da família o segredo é mantido.

Um segredo é vital ou problemático?

Os segredos familiares podem ser classificados por sua amplitude ou quantidade de conteúdo que abrange duração, profundidade, intimidade em torno da informação omitida e valor, uma vez que guardar um segredo pode minimizar danos ou perpetuá-los como nas famílias em que o avô abusa das netas e a filha sabe, mas ele é quem as sustenta. Geralmente, segredos benéficos são temporários, como é o caso de surpresas de algo muito esperado, ou segredos do adolescer, em que o jovem mantém um segredo a serviço de sua individuação. São também usados pelas crianças para se diferenciarem dos seus pais e se apropriarem da sua autonomia, podem ajudar as pessoas a atingirem objetivos, demarcar limites úteis e proteger sentimentos ou reputação de um amigo. Mulheres no mundo todo aprenderam que usar o segredo e o silêncio pode ser sua estratégia de sobrevivência na preservação de sua história e experiência.

Um segredo nocivo pode ser motivado por uma transgressão e destruir relações, minar a confiança nos relacionamentos e gerar sintomas debilitantes no sistema familiar.

Quem sabe e quem não sabe?

Trata-se de algo bastante comum as famílias evitarem alguns assuntos que dificultem a manutenção do segredo, pois ocupam-se em despistar o tema velado, tais como desemprego, abuso sistêmico, desaparecimento de um elemento da família, traição, suicídio, exposição à violência, uso de drogas, gravidez indesejada, homossexualidade.

E quanto às estratégias para se manter um segredo? O que elas exigem do grupo familiar?

Geralmente, os membros da família usam de várias estratégias para omiti-lo. Os envolvidos evitam certos assuntos ou informações para alguns membros da família, pois a existência de um segredo distorce e "mistifica a comunicação". Os membros tornam-se excluídos de certas informações, comprometendo a resiliência familiar, uma vez que a confiança interpessoal fica prejudicada. Como já comentamos, para mantê-los é normal a formação de díades, triângulos, alianças e coalisões na família.

Uma díade que se forma aumenta o segredo em dobro, sem contar o teor problemático das triangulações, possivelmente transmitindo-o de geração a geração, facilitando a trama invisível da lealdade familiar, podendo se expressar no comportamento de uma mãe que promete ao filho não contar ao pai sobre sua dependência de drogas. Depois de um tempo, a mãe não aguenta carregar esse segredo e conta ao marido, que concorda em mantê-lo, não revelando o que sabe ao filho. Ou mesmo o exemplo de famílias onde as mulheres são vítimas da violência de seus maridos ou, ainda, famílias que guardam segredos em que três ou quatro gerações morrem em condições violentas.

Os segredos familiares podem ser compartilhados quando todos os membros de uma família protegem uma informação daqueles que são vistos como não pertencentes àquele núcleo, quer seja omitir a falência dos amigos e dos funcionários da casa ou quando o segredo é mantido pelo subsistema: pais que não contam aos filhos da falência ou segredos individuais, em que a pessoa omite uma informação do grupo todo.

Todas essas situações dificultam o processo de reorganização da família ao longo dos ciclos vitais, podendo surgir sintomas como *modus vivendi* do relacionamento, como é o caso de depressão, ensimesmamento.

É comum um elemento da família achar que guardá-lo seria uma demonstração de lealdade e que revelá-lo seria deslealdade. Uma criança, quando sugestionada por um dos pais a guardar um segredo que exclua o outro genitor.

As lealdades familiares entre as gerações são moldadas por um segredo, podendo parecer um comportamento de outra forma inexplicável que se repete. Exemplos disso são a reclusão, delinquência e o suicídio em determinada idade, que revelam uma nova espécie de sentido, quando um segredo familiar mantido há muito tempo é revelado. Há tendência de repetição dos fatos nas outras gerações como forma de revelar o segredo, como gravidez antes do casamento vivenciada pela mãe que se repete na vivência da filha ou a experiência de um aborto. Essa repetição pode ser vista como uma tentativa mal orientada para revelar finalmente o segredo da família.

O que fazer? Guardar ou revelar?

Essa questão é um enorme desafio para todos os envolvidos. Um segredo é algo escondido, encoberto. Segredos são potenciais para a divisão ou para a reconciliação de pessoas, ainda que não se tenham garantias sobre qual resultado surtirá, até porque um segredo implica unir alguns e separar outros.

No âmbito familiar, os segredos "não permanecem como propriedades do indivíduo", uma vez que os outros membros podem ser responsivos, mantendo certa mutualidade para fortalecer ou enfraquecer seus efeitos. Há uma importância enorme entre expô-lo ou ocultá-lo, pois estão intimamente ligados a complexas tramas relacionais dos que são favoráveis a revelá-lo e dos que preferem omiti-lo.

Os ditos e os não ditos, o verbal e o não verbal, passam a marcar o comportamento da família.

Mas um segredo não é o único fator que é mantido oculto, a censura que recai sobre o desejo de saber é omitida, "O que farei se não me aceitarem em minha homossexualidade?".

A revelação de um segredo pode ter um efeito curativo para os indivíduos e relacionamentos a respeito, por exemplo, de um desfalque com o qual algum membro da família tenha sido acusado de ter compactuado e a dívida sanada após o veredito de um processo jurídico, enquanto a revelação de outros segredos pode colocar pessoas em perigo, por exemplo, em questões de segurança física de um membro da família que participou de movimentos políticos, reverberando a sensação de risco em momentos tumultuados politicamente, se souberem de seu viés ativista.

Em algumas famílias, o segredo não se relaciona somente à manutenção da intimidade, ainda que esta possa contribuir para sua revelação, mas como forma de manter vínculos entre os membros, tornando-os significativos e estruturantes, por isso sua revelação mobiliza angústias arcaicas, aniquilamento e fragmentação sentidos na família.

Um membro da família diante de um segredo pode percebe-lo como sinal de proteção da ética pessoal e o outro pode percebê-lo como traição à ética grupal. Essa expectativa de que algum membro responderá de forma agressiva à revelação do conteúdo do segredo favorece possivelmente sua perpetuação no âmbito familiar.

Como se desenvolve o segredo em família de adictos?

A abordagem sistêmica sobre dependência de álcool ou drogas está baseada em um tripé teórico cujas bases são o modelo sistêmico, a terapia familiar transgeracional e os estudos de Steinglass (1977) sobre a família alcoólica, baseados nos estudos de Bowen (1974) e Börszormenyi--Nagi (1976).

A teoria sistêmica preconiza que a vida é uma experiência partilhada e partilhável, ou seja, a unidade familiar é composta de tarefas e papéis que cada um exerce no sistema e como cada pessoa se relaciona com a outra, constituindo vínculos de reciprocidade e interdependência. A dependência de álcool ou drogas, para Bowen, representa vulnerabilidades do sistema familiar. Já para Steinglass, a dependência de álcool ou drogas expõe a dificuldade que a família tem em se desenvolver e denuncia sua possível origem no decorrer das várias gerações. Um padrão crônico de funcionamento familiar se instala. Steinglass chama de "sistema alcoólico": a família que aprende a se organizar em torno da presença do álcool, o que permite que reproduzam "identidades dinásticas alcoólicas", que exigem a lealdade individual e do grupo família. Estes são considerados "sistemas de desequilíbrios transgeracionais". Hill e Gauer (1998) concluíram que filhos de dependentes de álcool ou drogas desenvolvem sequelas ao longo do ciclo vital, como dificuldade de intimidade nos relacionamentos, baixa estima, medos e fobias. Há chance, segundo estudos de outros pesquisadores, de um empobrecimento cognitivo pela falta de estimulação na comunicação familiar.

Assim sendo, a natureza complexa do segredo em uma família adictiva está no núcleo do problema. O comportamento disfuncional, tal como beber ou consumir drogas, mais cedo ou mais tarde pode se tornar absolutamente manifesto. O segredo é o acobertamento do significado e da consequência desse comportamento, com capacidade de bloquear evidências que evitem que uma pessoa passe informações, revele-as ou faça uso delas.

É sabido que a negação faz parte do comportamento de famílias de adictos. Inicia com uma mentira: "Obrigado, eu não bebo", "Só tomei uns golinhos" ou "Não uso drogas". Dessa forma, o fato de que há o uso de drogas ou álcool é conhecido, mas sua natureza problemática é negada ou manifesta às vezes quando o adicto tenta racionalizar dizendo que está bebendo porque seu chefe tem exigido muito dele. O risco, nesse caso, é de o adicto acreditar nas mentiras: "Não estou fazendo o que estou fazendo" ou, ainda, "O que fiz não terá as consequências que parece ter", o que leva a formas mais profundas de guardá-lo, usando-se uma mentira para encobrir outra.

Há também comportamentos perpetrados para financiar o uso de drogas, quer seja fazer alguém acreditar que o adicto precisa do dinheiro para ajudar uma pessoa que está em situação desastrosa. Cada família escreve sua história particular constituindo um livro cujo patrimônio é obtido por herança de natureza multigeracional, originando uma configuração específica de obrigações e direitos que se impõem às pessoas, cujos débitos devem ser contabilizados para ser leal à família.

Börszomenui-Nagy, um dos precursores da teoria da transgeracionalidade, ressalta que os problemas familiares são manifestações e resultados do dar e receber na área da afetividade. A dependência do álcool passa a ser encarada como "sintoma de desequilíbrios transgeracionais" que produz débitos, dívidas ou créditos. A moeda circulante nas dinâmicas e estruturas familiares pode ser a própria dependência de álcool ou drogas (Penso, 2008; Trindade, 1994).

O crucial disso é que, à medida que a negação aprofunda, haverá um comprometimento no nível dos afetos. O nível mais profundo e complexo da manutenção do segredo em famílias adctivas manifesta-se como SILÊNCIO – ausência de todas as formas de comunicação direta sobre os sentimentos.

Geralmente nesses casos há a retirada da "presença" emocional do contexto relacional. Aquele que guarda o segredo fica "desaparecido em ação": presença física com ausência da presença emocional retirada de forma defensiva ou por reatividade com a função de proteger o segredo: "Falei que o dinheiro seria para ajudar um amigo em dificuldade, mas era para comprar droga".

O ciclo se completa: a mentira cria o segredo, o silêncio o mantém e a guarda do segredo alimenta a negação, distorcendo e invalidando as experiências dentro do núcleo familiar. Nisso, está em jogo a necessidade de a família manter-se a si mesma em meio aos temores cada vez maiores de desmoronar, há o risco do aniquilamento – os pais desconfiam, mas negam; o filho sabe que os pais desconfiam, mas nega também.

Em grande parte, os familiares escondem as garrafas ou marcam níveis nela como forma de monitorar o progresso do consumo de álcool. Muitas vezes a filha não conta para a mãe que viu o pai bebendo num bar e assim a manutenção do segredo alimenta a negação: o que fica escondido não existe, nem deve ser discutido. Daí para a frente a comunicação e interação familiar fica distorcida. O ciclo se retroalimenta: quanto mais tensão, maior consumo de bebida. Entre o profundo silêncio e a falta de engajamento e períodos de extrema reatividade, a emoção é expressa com raiva, a tristeza com cólera, o medo com fúria, o desespero como controle e a dependência como vergonha.

As famílias com dependentes de álcool ou drogas estão imbricadas no problema "Não consigo pensar em outra coisa a não ser que ele vai beber, chegar embriagado e bater em todos nós" – ou desligadas – "Não temos mais nada a ver com isso, o problema é dele; já fizemos o que podíamos, mas não deu certo".

No campo da homossexualidade: como a revelação acontece?

As relações homoafetivas vêm ganhando espaço na literatura científica, no sentido de combater preconceitos, promover cultura de maior tolerância e respeito ao diferente. Nota-se na contemporaneidade uma visibilidade considerável sobre as relações amorosas e seus modos de expressão tanto afetivas quanto sexuais.

As mudanças culturais e históricas possibilitam discussões acerca das questões de gênero e das sexualidades, gerando repercussões na vida dos homossexuais e de suas famílias.

Primeiramente, deve-se considerar que a homossexualidade não é oposta à heterossexualidade. Gays e lésbicas defrontam-se com desafios específicos, que precisam ser bem compreendidos pelos terapeutas:

1. a questão da homofobia social;

2. o impacto das questões de gênero no relacionamento;

3. as ambiguidades no vínculo;

4. as dificuldades com as famílias de origem;
5. a necessidade de se desenvolver uma rede social de apoio (grupo de pertencimento).

O princípio dominante há séculos de que os seres humanos são naturalmente heterossexuais e que o estilo de vida heterossexual é o padrão normal está mudando nos dias de hoje. Tal princípio determinava, inconscientemente, a marginalização e exclusão de qualquer indivíduo que fugisse às normas, o que tornava gays e lésbicas desiguais ou inferiores em relação às oportunidades. Felizmente, hoje o panorama mostra-se bem diferente, tornando-se mais inclusivo. A influência religiosa na cultura ocidental na contemporaneidade deixou de imperar, com respeito aos pressupostos de que uma relação sexual deve servir somente à procriação e à manutenção da família. A sociedade ocidental foi pautada em paradigmas heterossexuais: uma criança deveria ser fruto de um homem e uma mulher, sendo esse vínculo reconhecido como o ideal.

Experienciamos até há pouco tempo e ainda nos dias de hoje uma cultura homofóbica, com manifestações de ódio, sentimentos de não aceitação dirigidos a gays e lésbicas, via de regra em ambientes profissionais geradores de medo de serem barrados em suas carreiras ou demitidos. Tal sensação de opressão levava e ainda hoje leva, em muitos casos, os homossexuais a não assumirem publicamente sua condição. O preconceito e a pressão invisível constante colaborou para que o indivíduo internalizasse a homofobia, dirigindo muitas vezes essa atitude negativa a si próprio.

Na visão heteronormativa, a homossexualidade contraria a construção sociocultural pautada na expectativa da continuação da sociedade patriarcal, racional, preocupada em não ser ameaçada por grupos minoritários que afetem a moral das famílias tradicionais.

A família deveria ser o maior alicerce para que o indivíduo pudesse revelar sua orientação, porém há a possibilidade de haver na família preconceito e homofobia, desencadeando problemas psíquicos. Entretanto, sua ocultação também pode gerar questões de saúde mental.

Esse processo de revelação segue um caminho longo, entre as escolhas "sair do armário" ou persistir em "ficar" nele, reforçando a opressão gay indesejável, mas conflitante. Com respeito à revelação da homossexualidade, nota-se o grande desafio que representa para o indivíduo que quer contar à família e depois à sociedade. É bom lembrar que isso só pode acontecer depois de o indivíduo revelar a si próprio.

A homossexualidade, quando revelada à família, pode vir a ser um problema nas relações, porque em muitos casos esta não acolhe a situação e exterioriza agressões, ameaças e intolerância, gerando campo de conflitos, contradizendo as expectativas de aceitação que o jovem esperaria receber. Há a possibilidade de a família tentar normatizar a situação da sexualidade do filho, tornando o cenário familiar um palco de contradições.

É bom lembrar que os pais muitas vezes se sentem traídos pelo filho, culpabilizando-o de ter "escondido" sua condição e, ainda, na maioria das vezes, são tomados de grande culpa por acreditarem que a educação dada não foi a melhor.

Descobre-se que o indivíduo e a família necessitam de apoio e de espaço para elaborar a aceitação tanto de quem revela quanto de quem recebe a informação, pois a aceitação pode ocorrer de imediato, não ocorrer ou ocorrer lentamente, nem sempre ao mesmo tempo da revelação.

Porém, como se trata de um processo, o homossexual também pode decidir por outros caminhos que não dependam somente da aceitação da família e revelar para mais pessoas sua condição, curar suas feridas.

Muitos casais homossexuais procuram terapia por estarem conscientes da não aceitação dos familiares, no ambiente do trabalho ou por falta de rede social de apoio. É importante haver a autoaceitação, por vezes o próprio indivíduo é fonte de dúvidas quanto à sua condição.

E o que dizer do silêncio? O espectro do silêncio na dinâmica familiar

O silêncio na dinâmica familiar é vivenciado pelos membros como fracasso na comunicação. O silêncio como tentativa de renunciar à comunicação cria uma metacomunicação, uma forma de mensagem que desperta reações e interpretações frágeis em uma função compreensiva retroalimentadora de entraves e mal-entendidos.

Fica impossível interpretar o silêncio, tornando-o um fenômeno da interação insuportável e devastadora.

Conteúdo específico de um segredo e a terapia familiar

Trabalhos e artigos menos recentes relativos aos segredos sugeriam que o terapeuta não precisava necessariamente conhecer o conteúdo específico de determinado segredo. Em meados dos anos 1950, a área de terapia familiar estava ocupada em se estabelecer e se diferenciar da psicanálise. Os focos sobre os padrões familiares foram priorizados em detrimento do conteúdo na investigação sobre os segredos familiares.

Enquanto a terapia familiar movia-se com interesse pelas histórias, narrativas e construção social de crenças e significados, a atenção ao conteúdo foi reconhecida como necessária, até porque é no conteúdo de um segredo que o terapeuta amplia e pode criar possibilidades para sua ação clínica. A terapia é um ritual para o rompimento do silêncio, lugar de se falar o não dito. É "o lugar da cura pela fala", e o segredo ou o silêncio implicam não falar.

Sabe-se que por meio da fala vem a catarse, a liberação das crenças limitadoras passadas e presentes.

Como terapeutas, devemos atender com muito cuidado uma família que nos chega pedindo para manter um segredo em prol de sua segurança ou pedindo ajuda para revelá-lo. São pistas dadas ao terapeuta sobre como esses segredos influenciam os relacionamentos no sistema familiar.

Alguns autores indicam aos terapeutas não revelarem os segredos familiares, e sim encontrar um modo de lidar com eles, valendo-se, para isso, da entrevista circular indireta[7] (perguntas associadas aos princípios de interação familiar) quando o terapeuta sabe que existe um segredo, ainda que este seja perigoso, ou seja, que exija ação imediata para garantir a segurança do indivíduo, principalmente nos casos que envolvem violência.

Os segredos revelados em relacionamentos conjugais restauram a confiança entre o casal, que, mais consciente, a ressignifica.

Um segredo mantido por questões protetivas é diferente do segredo mantido por coesão ou abuso. Sendo assim, a revelação de um segredo pode ter efeitos curativos ou perigosos, reconciliatórios ou divisórios, mas com grande importância para o processo terapêutico e o desenvolvimento da família.

---

[7] Perguntas circulares são perguntas de curiosidade geral sobre a conexão possível do evento. Orientam o terapeuta a respeito da situação do cliente, baseadas em pressupostos circulares sobre a natureza do fenômeno mental, com a intenção de explorar o conhecimento sobre a queixa. As perguntas servem para buscar os padrões que conectam as pessoas, as ações e os sentimentos. Por exemplo: o que acontece para vocês manterem este fato em segredo? Quem mais concorda com ele? Alguém o questiona? Quem? Com que frequência? As perguntas circulares têm o potencial de trazer efeitos libertadores para a família. Nessa dinâmica, o terapeuta faz as perguntas e os membros da família ouvem as respostas e fazem suas próprias conexões, começam a se conscientizar da circularidade de seus próprios padrões de interação e com essa consciência podem se libertar das limitações de sua visão linear anterior.

A revelação de um segredo pode criar pressão sobre outros segredos, exigindo um ambiente terapêutico continente para acolher as várias questões que surgirão (como vemos em Melo, Magalhães & Féres-Caraneiro, 2014).

Contudo, o trabalho terapêutico não deve focar somente em sua revelação.

O terapeuta não deve presumir que a sinceridade por si só resulte necessariamente em cura. É importante que os terapeutas criem um ambiente seguro e apto a sustentar as diversas percepções que podem ser contraditórias do segredo revelado ou de sua manutenção. Portanto, o terapeuta deve colaborar para que o significado da manutenção do segredo seja reconhecido.

Temos direito a ter nossos segredos? É possível não ter algum?

Ao se revelar um segredo vergonhoso em terapia, tem-se um pouco menos a esconder, e com isso podemos ser mais espontâneos e menos vulneráveis. Claro que ao revelar um segredo enfrentaremos as consequências disso, quer podem ser: a perda de confiança no relacionamento, sentimentos de raiva e insegurança, desapontamentos, mágoas, tristezas ou alívio. O ganho da revelação é o de sentirmos uma conexão humana natural em nós mesmos. Quando aprendemos que a vergonha é aprendida nos relacionamentos, desenvolvemos maior autoempatia, nos tornamos mais íntegros, pois desenvolvemos a empatia também com o outro.

A revelação de um segredo, quando feita em terapia, num ambiente protegido, transforma os segredos vergonhosos em catalisadores de cura e crescimento, daí podemos encontrar possibilidades de consertar as pontes interpessoais rompidas pela sua manutenção.

Referências

Afifi, W. A., & Cauglin, J. P. (2006). A close look at revealing secrets and some consequences that follow. *Communication research*, *33*(6), 467-488.

Afifi, T., & Steuber, K. (2010). The cicle of concealment model. *Journal of Social and Personal Relationships*, *27*(8), 1019-1034.

Balsam, K. F., & Mohor, J. J. (2007). Adaptation to sexual orientation stigma: A comparison of bissexual and lesbian/gay adults. *Journal of Cousenling Psichology*, 54(3), 306-319. http//dx.doi.org/10.1037/0022-0167.54.3.306.

Bepko, C., & Krestan, J. A. (1985). The responsability trap A blueprintfor treating the alcoholic Family. Nova Iorque: Free Prest. In Carter, B., & Mcgoldrick, M. (1995). *As mudanças no ciclo de vida familiar*. 2a ed. Porto Alegre: Artmed.

Boscolo, L., Cecchin, G., Hoffman, L., & Penn, P. (1987). *Milan systemic Family therapy: Conversations in theory and practice*. Nova Iorque: Basic.

Bowen, M. (1974). Therapy in clinic pratice. Nova Iorque: Jano Aronson. In Cerveny, C. M. de O. (Org.). (2012). *Família e...* São Paulo: Casa do Psicólogo.

Bözormenyi, N. (1973). Invisible loyaltes. Nova Iorque: Harper e Row. In Cerveny, C. M. de O. (Org.). (2012). *Família e...* São Paulo: Casa do Psicólogo.

Brown-Smith, N. (1998). Familiy secrets. Journal of Family Issues, 19(1) 20-42. In Cavalhieri. K. E., Silva, I. M. da, Barreto, M., Crepaldi, M. A. (2017). Influência do segredo na dinâmica familiar: Contribuições da teoria sistêmica. *Pensando Famílias, 21*(2).

Carter, B., & McGoldrick, M. (1995). *As mudanças no ciclo de vida familiar: uma estrutura para a terapia familiar*. 2a ed. Porto Alegre: Artmed.

Costa, C. B., Machado, M. R., & Wagner, M. F. (2015). Percepções do homossexual masculino: Sociedade, família e amizades. *Temas em Psicologia, 23*(3), 777-788. http//dx.doi.org/10.9788/TP2015,3-20

Czertok, O., Guzzo, S. A., & Losso, R. (1993). Contratranferencia y contridentificacionproyetiva em el psicoanalisi de família e pareja. *Revista de Psicanalisis, 1*(45), 54-60.

Detrie, P. M., & Lease, S. H. (2007). The relation of social support, connectedness, and colletive self-esteem to the psychological well-being of lesbian, gay, and bissexual yout. *Journal of Homossexuality, 53*(4), 173-199.

Fères-Carneiro, T., Mello, R., Machado, R. N., & Magalhães, A. S. (2017). Falhas na comunicação: Queixas secundárias para Demandas primárias em Psicoterapia de Família. *Trendsin Psicology online, 25*, 1773-1783. https// doi.otg/10.9788/TP2017. 4-13Pt.

Ferreira, V. B. (2011). Humilhação e vergonha, um diálogo entre os enfoques sistêmicos e psicanalíticos. *Rev. Psiquiatria Clínica, 38*(4), 168-169.

Foucault, M. (1980). *Power/knowledge: selected interviews and other writings*. Nova Iorque: Phanteon.

França, C. M. R. (2004). Terapia de casais do mesmo sexo. In Vitale, F. M. A. *Laços Amorosos*. Ed. Agora.

Friedman, E. H. (1973-1974). Secrets and systems. In Lorio, J. P., & McClenathen, L. (Orgs.) *The Gergetown Family Symposia*. (Vol. 2). Washington, DC: Georgetown University Family Center Publishers.

Fulmer, R. H. (1995). Famílias de baixa renda e famílias com formação profissional: uma comparação de estrutura e do processo de ciclo de vida. In Carter B., & Mcgoldrick, M. (1995). *As mudanças no Ciclo de Vida Familiar – uma estrutura para a terapia familiar*. 2a ed. Porto Alegre: Artmed.

Furlotti, T. V. M. (2010). Segredos de família: violência doméstica contra crianças e adolescentes na São Paulo das primeiras décadas do século XX. *Diálogos, 4*(1), 237-242.

Haley, J. (1976). Problem-solving therapy, New Iorque: Jossey Bass. In Imber-Black, E. (2002). *Os segredos na família e na terapia familiar*. Porto Alegre: Artmed.

Imber–Black, E. (1994). Segredos na família e na terapia familiar: Uma visão Geral. In Imber-Black, E. (2002). *Os segredos na família e na terapia familiar*. Porto Alegre: Artmed.

Lomando, E., Wagner, A., & Gonçalves, J. (2011). Coesão, adaptabilidade e rede social no relacionamento conjugal homossexual. *Psicologia: Teoria e Prática, 13*(3), 95-109.

Maffesoli, M. (2007). Homossocialidade: Da identidade às identificações. *Estudos Gays: Gênero e sexualidades, 1*(1), 15-25.

McGoldrick, M. (Org.) (2007). *As mudanças no ciclo de vida familiar: uma estrutura para a terapia familiar*. 2a ed. Porto Alegre: Artmed.

Melo, C. V., Magalhães, A. S., & Féres-Caraneiro, T. (2014). Segredos de família: A contratransferência como recurso terapêutico. *Estilos da Clínica, 19*(1) 163-182. In Cavalhieri. K. E., Silva, I. M. da, Barreto, M., Crepaldi, M. A. (2017). Influência do segredo na dinâmica familiar: Contribuições da teoria sistêmica. *Pensando Famílias, 21*(2).

Mikolci, R. (2015). Discreto e fora do meio! – Notas sobre a visibilidade sexual contemporânea. *Cadernos Pagu,* (44), 61-90.

Nascimento, G. C. M., Scorsolini-Comin, F., Fontaine, A. M. G. V., & Santos, M. A. (2015). Relacionamentos amorosos e homossexualidade: revisão integrativa da literatura. *Temas em Psicologia, 23*(3), 547-563. http://doi.org/10.1007/s11199007-9370-6

Nichols, M. P., & Shwartz, R. C. (2007). *Terapia Familiar: conceitos e métodos,* Porto Alegre: ArtMed.

Oliveira, A. C. (2011). *Abuso intrafamiliar de crianças e ruptura do segredo: Consequência para as famílias* (Tese de Doutorado). Pontifícia Universidade Católica do Rio de Janeiro, Rio de Janeiro.

Papp, P. (1994). O caruncho no broto: Segredos entre pais e filhos. In Imber-Black, E. (2002). *Os segredos na família e na terapia familiar.* Porto Alegre: Artmed.

Penso, M. A., & Costa, L. F. (Orgs.) (2008). *A transmissão geracional em diferentes contextos da pesquisa à intervenção.* São Paulo: Summus.

Pincus, L., & Dare, C. (1987). *Psicodinâmica da família.* Porto Alegre: Artmed.

Pitman, F. (1989). Private Lies. Nova Iorque: W. W. Norton, 1989. In *Mentiras Privadas – A infidelidade e a traição da intimidade.* (1994). Porto Alegre: Artmed.

Ponciano, E. L. T., & Féres-Carneiro, T. (2003). *Modelos de família e intervenção terapêutica. Interações, 8*(16), 57-80.

Prado, L. C. (1996). Metáforas, segredos e mitos ao longo do ciclo vital: uma reflexão clínica. In Prado, L. C. (Ed.). *Famílias e terapeutas construindo caminhos.* Porto Alegre: Artmed.

Prado, M. A. M., & Machado, F. V. (2012). *Preconceito contra homossexualidades: A hierarquia da invisibilidade.* São Paulo: Cortez.

Rosario, M., Schrimsahw, E. W., & Hunteer, J. (2011). Different patterns of sexual identy development over time: Implications for the psychological adjestmente of lesbian, gay, and bissexual youths. *Journal of Sex research, 48*(1) 3-15. DOI: 10.1080/00224490903331067

Scorsolini-Comin, F., & Santos, M. A. (2012). Insensatos afetos: homossexualidade e homofobia na telenovela brasileira. *Barbarói, 36,* 50-66.

Spivacow, M. A. (2018). *O casal em conflito - Contribuições psicanalíticas.* Porto Alegre: Triângulo.

Steinglass, P. (1976). Experimenting with Family treatment approachers to alcoholism, 1950-1975: a review. *Family Process, 15,* 97-124.

Telf, S. K. (1980). *Secrecy Across-cultural perspective.* Nova Iorque: Human Scinces Press.

Walsh, F. (2006). Strengtheningng Family resiliency. (2a ed.). Nova Iorque: The Guilford Press. In Cavalhieri. K. E., Silva, I. M. da, Barreto, M., Crepaldi, M. A. (2017). Influência do segredo na dinâmica familiar: Contribuições da teoria sistêmica. *Pensando Famílias, 21*(2).

Zimmerman, L., Darnell, D. A., Rhew, I. C., Lee, C. M., & Kaysen, D. (2015). Resilience in Community: A social ecological development model for Young adult sexual minority womwn. *American Jour Community Psychology, 55*(1-2) 179-190. DOI: 10.1007/s10464-015-9702-6.

7.

A CADEIRA DO PAI ESTÁ VAZIA! AUSÊNCIA DO PAI – SINTOMAS E PROBLEMAS DERIVADOS DESSA PRESENÇA: UM AMOR AO CONTRÁRIO

> *A patogenia não está nos acontecimentos ocasionais, não que os ocasionais não possam ser patogênicos. Pode, mas toda a experiência prática está me demonstrando que a patogênese se dá, muito mais, a partir dos conflitos humanos estáveis, instalados e repetidos, repetidos, repetidos, automaticamente, nas redes de relação familiares.*
> (Di Loretto, 2004)

> *O novo modo de ser pai não é isento de conflitos: sentimentos confusos, ambiguidade e inadequação aparecem como componentes da mudança, pois qualquer transformação exige uma diferenciação de um modelo ainda vigente ao qual o homem ainda se sente preso – o modelo de cuidado indireto, do afastamento afetivo.*
> (Faria, 2001)

> *Onde há uma criança com distúrbios psíquicos, há um drama familiar subjacente.*
> (Di Loretto, 2004)

> *O passaporte para a alteridade é carimbado com as marcas positivas da função paterna.*
> (Alberto Pereira Lima, 2002)

Jung (2011, p. 299), em seu ensaio "A importância do pai no destino do indivíduo", aponta a relevância que um pai amoroso tem no desenvolvimento de seus filhos. Indica como a inconsciência paterna cria uma atmosfera psíquica negativa, determinando a configuração de complexos neuróticos ou psicóticos na psique dos filhos. Em caso de ausência, essa falta de consideração cria áreas delicadas na filha, marcadas por graves impactos psicológicos. A filha pode ficar inconsciente e interiormente esvaziada, perdendo a conexão consigo mesma. De forma contundente, a presença da ausência do pai abre uma ferida narcísica imensa no psiquismo da filha, que se pergunta ao longo de seu desenvolvimento se tem valor, se é digna de amar a si mesma e de ser amada. Tal prejuízo, ainda que não seja fatal, é permanente.

O que acontece, então, psiquicamente, quando a filha não aparece na visão do pai?

Um pai, dependendo de cada cultura e época, é imaginado sempre ocupando papéis que irão refletir sua presença em nossa psique, tanto coletiva quanto pessoal. Mas trataremos aqui especificamente de filhas que foram e são privadas deste espelhamento, devido à falta de amor e cuidado paterno. Falamos de verdadeiros abandonos invisíveis.

A necessidade pelo amor de um pai torna-se dolorosa por sua ausência, gerando melancolia e efeitos negativos na visão de mundo delas e em suas relações.

Paradoxalmente, estamos falando de vínculos, de seus efeitos no caso de um vínculo "ao contrário". Sabemos que a maioria das pessoas é educada e marcada por um pai, uma mãe ou seu representante. Esse fato aparentemente simples, mas bem complicado, está em relação direta com o desenvolvimento de uma pessoa. Em todas as pesquisas sobre os conflitos da paternidade encontramos a inconsciência do pai como um elemento desestruturante de si mesmo e da psique dos filhos.

Para Jung, a consciência poderá ir se ampliando e iluminando muitos aspectos da vida do indivíduo que ainda estão inconscientes, sendo um processo realizável em meio aos relacionamentos nos diversos papéis que vivemos, uma vez que, por meio desses papéis, percebemos como somos e como vemos o mundo. É esperado que o complexo do *eu* vá se desligando "de modo apropriado à idade" dos complexos parentais para que a filha possa perceber suas tarefas de desenvolvimento e ter à sua disposição um "eu coerente", um "eu suficientemente forte", que suporte as exigências da vida, que consiga lidar com as dificuldades e alcançar certo grau de prazer e satisfação pessoal.

E quando isso não acontece?

A ausência de um pai configura para a filha angústia e decepção, matando sua criatividade e vitalidade. Seus esforços são marcados por depressão, ansiedade e relações conturbadas. A sua busca incessante por encontrar um lugar de cuidado fica deturpada, pois é dentro das famílias que a vida e a morte psíquica são desenhadas.

Socialmente, espera-se que a família traga aos filhos uma experiência de alegria e continência afetiva, mas isso nem sempre é possível.

A Psicologia sempre apontou a importância da mãe no desenvolvimento psicológico da criança. A partir da década de 90, o tema paternidade passou a ser mais relevante, suscitando inúmeros estudos e pesquisas.

O espaço reservado ao pai e ao filho é o de interditar o vínculo com a mãe, impedindo a continuidade da natureza simbiótica dessa relação dual, que visa à obtenção do prazer e à satisfação das necessidades do filho, bem como visa introduzir o filho no mundo da Lei, com o desenvolvimento de linguagem, limites e discriminação.

Este sempre foi o lugar do pai na sociedade, segundo a psicanálise: a estruturação do superego, dinamismos psíquicos e constituição do sujeito. Paternidade trata de relações passadas e futuras, eventos e emoções. O que resulta disso é uma identificação progressiva da diferença. Um pai é importante no sentido de oferecer um reflexo ao filho, promovendo conhecimento e separação. E é por meio do pai – como um outro – que a filha pode experimentar a si mesma.

Na conceituação junguiana, o lugar da paternidade é apontado como desempenho de funções arquetípicas relativas ao dinamismo patriarcal.

É objeto de interesse da Psicologia observar o quanto o pai interfere na estruturação geral da psique da filha, na construção da identidade e na sua estabilidade emocional, tanto positiva quanto negativa. Mais ainda, o quanto essa filha tem acesso a esse pai humanizado e quais sentimentos esse acesso suscita nela em relação ao modo como esse pai se apresenta na relação, marcando sua subjetividade e reconstruindo permanentemente a subjetividade do pai.

Questões como a subjetividade masculina, a relação pai-filho e o restrito papel do pai como transmissor da lei e da tradição são propostas que ampliam o significado do pai ao lado da mãe para a constituição do homem e da mulher.

Autores apontam para a fundamental importância do dinamismo paterno no desempenho de suas funções de interditar e fiscalizar a lei como estruturante da psique e, também, o efeito lesivo de seus excessos, no sentido do abuso de poder, manipulação ou enrijecimento da lei, prolongando mais do que necessário o controle centralizador da figura paterna, assim como suas omissões, que em consequência delas propagam a indiscriminação, a infantilização e a perversão, que comprometem o processo de individuação.

Como surgiu a consciência de ser pai?

A consciência de ser pai surgiu gradativamente, desde os primórdios da humanidade, por volta do quarto ou quinto milênio a.C. conectada ao desenvolvimento gradual da consciência e relacionada ao momento histórico, às formas de organização e estruturação das sociedades e dos agrupamentos familiares. No âmbito psicológico, a consciência vai emergindo do inconsciente, que é sua fonte primeira, para depois se estabelecer de forma mais diferenciada e autônoma. A história da paternidade acompanha esse desenvolvimento.

O patriarcado, para a psicologia analítica, não se constitui uma categoria histórica e sociológica. É baseado na figura do pai como elemento central e dominante e significa um modo de perceber e construir o mundo que está na base da conduta do ser humano, em suas estruturas sociais e econômicas, por assim dizer. Esse modo de viver patriarcal está sendo questionado na contemporaneidade.

Tal questionamento nos leva a experimentar outros parâmetros para sua constituição.

Para Jung, o desenvolvimento da consciência fundamenta-se no complexo do ego. A consciência se apresenta em germe, no inconsciente, como possibilidade inata e indica um movimento arquetípico do ser humano saindo do caos primordial para a luz, rumo a uma percepção mais clara de si e do mundo.

Portanto, a ideia do ser humano é que ele nasce sendo um todo indiferenciado e indiscriminado, emerge desta totalidade que Jung chama de

Self seu representante no mundo consciente de ego (eu), que é o centro da consciência. A sensação do eu o liga à sua história e à história familiar e coletiva, como também à memória e continuidade de nossa vida. Sendo assim, o ego é um processo com começo, meio e fim.

Edward F. Edinger comenta que a consciência deriva de *com*, que significa *saber*. É a experiência de conhecer com o outro o mundo ou o inconsciente, condição necessária para que o arquétipo seja ativado.

A consciência nos coloca em relação, que inclui, em seu significado, a ação e o conhecimento, e esse conhecimento pode se dar por meio do que Jung chamou de funções da consciência (pensamento, sensação, sentimento e intuição).

Para além da consciência, temos o inconsciente pessoal ou a sombra, onde estão os conteúdos constituídos das vivências pessoais do indivíduo que foram esquecidas, reprimidas ou enfraquecidas.

O inconsciente está sempre conectado à relação do indivíduo e do mundo, pois, à medida que essa conexão acontece, são constelados alguns dinamismos arquetípicos e os símbolos produtos do inconsciente começam a emergir com a força ou função de revelar ao indivíduo a direção necessária ao seu desenvolvimento.

Para Jung, é o símbolo que integra o consciente e o inconsciente e contém inúmeros significados que não podem ser reduzidos a apenas um, uma vez que sua origem está no Self (totalidade).

E o poder paterno? Como foi sua entrada na civilização?

As mães sempre reinaram antes dos pais, em sua qualidade libidinal e seus símbolos maternos: leite, seio, aconchego, fazendo reagir no psiquismo da criança no início da vida a sensação do cuidado, a nutrição e o acolhimento, expressões dos arquétipos dominantes. São os arquétipos da grande mãe que se constelam em suas polaridades positivas e negativas dependendo da relação estabelecida com a mãe real.

A essa fase psíquica do desenvolvimento, autores como Erich Neumann dão o nome de matriarcado – que seria a fase lunar, feminina.

Na fase seguinte, temos a fase solar, a do patriarcado, onde predominam os símbolos do pai, em suas características peculiares de expressão e relação com o mundo.

Johann Jakob Bachofen estudou a passagem do matriarcado ao patriarcado em 1861. Para ele, essa transição é uma projeção sobre a história da humanidade em seu desenvolvimento individual, em que a criança vive a fase matriarcal e a fase patriarcal para depois se tornar um indivíduo autônomo e diferenciado na fase de alteridade, na qual reconhece o outro também em sua autonomia e diferenciação.

Bachofen formulou algumas teses:

1. primitivamente, os seres humanos viveram em promiscuidade sexual. Essas relações excluíam toda a possibilidade de estabelecer a paternidade, pelo que a filiação apenas podia ser contada por linha feminina, pelo direito materno;

2. em consequência desse fato, as mulheres, como mães, únicos progenitores, gozavam de apreço e respeito dominando sua prole;

3. a passagem para a monogamia incidia na transgressão de uma lei religiosa, ou seja, o direito imemorial que os outros homens tinham sobre aquela mulher. Essa transgressão deveria ser castigada. A passagem do "heterismo" (prostituição) à monogamia, e a do direito materno ao paterno deu-se entre os gregos, em consequência do desenvolvimento das concepções religiosas e da introdução de novas divindades. Para Bachofen, não foi o desenvolvimento das condições reais de existência dos homens, mas o reflexo religioso dessas condições no cérebro deles que determinou as transformações históricas na situação social recíproca do homem e da mulher.

Bachofen interpreta *Oréstia*, de Ésquilo, como sendo a luta do direito materno ao paterno[8]. Essa interpretação de *Oréstia* é a prova em que Bachofen acredita: as divindades realizaram na época heroica da Grécia o milagre de derrubar o direito materno pelo paterno.

O relacionamento do filho com a mãe traz alternâncias. A criança em seu desenvolvimento precisa abandonar o mundo da mãe, o mundo da dominância dos instintos, do princípio do prazer absoluto, da onipotência, para entrar no mundo do pai, da cultura e da civilização.

A intervenção paterna quebra a onipotência da mãe e do filho, instaurando o polo oposto: a renúncia, o adiamento. Nesse aspecto, o pai traz o princípio da realidade, é o agente dessa função traumática discriminadora que separa mãe e filho.

A vivência matriarcal foi sendo substituída pela vivência patriarcal e os símbolos da mãe, que regiam unanimemente no psiquismo da criança, foram substituídos pelos símbolos do pai, apesar de os símbolos do feminino continuarem influenciando o psiquismo da criança, mas agora sob a lei e a regência paterna.

É bom lembrar que o patriarcado e o matriarcado são fases evolutivas simbólicas e não oponentes.

---

[8] Por seu amante, Egisto, Clitemnestra matou seu marido, Agamemnon, que acabara de retornar da guerra contra os troianos, mas Orestes, filho de Clitemnestra e Agamemnon, vingou a morte do pai, matando a mãe. Em consequência, ele passa a ser perseguido pelas Erínias, as protetoras espirituais do direito materno, segundo o qual o assassinato da mãe é o mais grave e inexpiável dos crimes. Porém Apolo, que com seu oráculo exortara Orestes a cometê-lo, e Atena, que fora convocada para ser juíza – as duas divindades que aqui representam a nova ordem patriarcal – o protegem: Atena ouve as duas partes. Toda a disputa se resume no debate que acontece em seguida entre Orestes e as Erínias. Orestes alega que Clitemnestra cometeu um duplo sacrilégio: matando o marido, ela matou também seu pai. Por que as Erínias perseguem ele e não ela, que é muito mais culpada? A resposta é contundente: "Ela não era consaguínea do homem que matou". O assassinato de um homem não consanguíneo, mesmo que seja o esposo da assassina, pode ser expiado e não interessa às Erínias; sua competência se restringe a perseguir o assassinato entre parentes consanguíneos e, nesse caso, de acordo com o direito materno, o crime mais grave e inexpiável é o matricídio. Então Apolo assume a defesa de Orestes; Atena determina que os areopagitas – os jurados atenienses – votem; ocorre empate nos votos a favor da absolvição e da condenação; então, Atena, na condição de presidente do tribunal, vota a favor de Orestes, absolvendo-o. O direito paterno saiu vitorioso sobre o direito materno, os "deuses da linhagem recente", como são designados pelas próprias Erínias, derrotam-nas e as Erínias acabam sendo persuadidas a assumir outro ofício a serviço da nova ordem.

E como se formou a consciência patriarcal?

A psique em sua evolução tem que combater as forças regressivas simbolizadas na mãe possessiva. Na saga *Oréstia*, as Erínias simbolizam a possessividade incestuosa da grande mãe e suas tendências regressivas. O incremento das guerras e a valorização do herói favoreceram muito a escalada do domínio patriarcal.

As mudanças nas sociedades matrilineares em termos econômicos e sociais, com o crescimento demográfico e a ocupação do solo, estimularam a competição entre os grupos, que se multiplicaram em atos de violência, surgindo os confrontos.

Assim começa uma nova época, a dos heróis. O herói é a aspiração à evolução, luta para combater os poderes regressivos matriarcais. Perseu é um deles, representante do ego-herói na sua luta contra os poderes da grande mãe que bloqueiam seu desenvolvimento. Com seu escudo, com a proteção fornecida pela construção da barreira do ego, neutraliza os aspectos paralisantes da Medusa, que deseja a onipotência fálica.

A luta travada pelo herói constitui-se de uma série de combates precedidos por desafios, os quais ele deve enfrentar sem o direito à recusa, pois o combate se refere à conquista de si mesmo, de seu desenvolvimento, e a vitória contra seus próprios desejos incestuosos.

Neumam comenta que os conflitos entre grupos despertaram uma organização guerreira entre os homens, formando uma cultura masculina sob a influência matriarcal ainda muito forte. Houve um reforço desse grupo que se organizou num segundo momento em torno do desenvolvimento político guerreiro, que estruturou as cidades e os Estados.

Em termos do desenvolvimento da consciência, o ego atingiu uma separação relativa do inconsciente, podendo ter um distanciamento deste e do mundo, começando a descobrir as leis que regiam o universo.

Estamos no Neolítico, a sedentarização, o desenvolvimento da agricultura e a criação de animais que possibilitaram o contexto para que se pudesse observar a reprodução e posteriormente imaginá-la na humanidade. A agricultura era de ocupação da mulher, mas a partir da invenção do arado essa função foi sendo ocupada pelos homens, que tinham mais força física.

A Mãe Terra começa a ser dessacralizada. O patriarcado constitui-se como uma fase evolutiva simbólica que está em transformação, deixando de ser dominante, mas continua a influenciar o psiquismo.

Vivemos ainda hoje sob a influência da consciência patriarcal, porém sem tanta dominância como antes. Essa consciência patriarcal, em sua polaridade positiva, construiu a vida civilizada sob a égide do arquétipo do pai em seus pilares: leis, regras, valores.

Na sua polaridade negativa, todavia, a consciência patriarcal deixou na sombra a consciência matriarcal, representada por poder feminino, natureza e vínculos. O desenvolvimento da consciência patriarcal, solar, pressupõe uma liberação e independência da consciência dos instintos, do inconsciente, da mãe, possibilitando o desenvolvimento da autonomia do ego, que se coloca no comando e na direção da consciência.

Como o arquétipo do pai se expressa?

O arquétipo do pai como agente de proibição do incesto é experimentado na criança como interditor. Esse arquétipo é um símbolo estruturante de importância no desenvolvimento da personalidade, pois retira a criança da onipotência narcísica, da identificação com o falo imaginário, da indiscriminação e a faz olhar para a existência do outro; o outro simbólico que encarna a lei e a ordem. O pai, então, é o representante da lei interditante do incesto que realiza a separação da fusão mãe-filho. O pai é o agente da alteridade. É por meio do arquétipo do pai como símbolo discriminador da condição do sujeito que a criança sai da vivência matriarcal para a vivência patriarcal e o período anterior cai no inconsciente.

Para Neuman, o mundo do pai é o mundo dos valores coletivos, que é histórico e diz respeito ao estado relativo do desenvolvimento da cultura e da consciência. O mundo do pai, que inclui os filhos e as filhas, é o lugar em que se dá a realização do desejo evolutivo do Self, da busca da totalidade, da conjunção dos opostos, vista anteriormente pelos alquimistas e por Jung.

O que é ser um pai?

Pai, para a psicanálise, é um paradigma da função paterna. O pai não é a pessoa, é um lugar que simbolicamente confere a um homem Um poder, isto é, sendo pai lhe é dado um lugar simbólico que encarna a lei.

Para Jung, o pai é uma figura importante no desenvolvimento da personalidade de uma pessoa, já que ele representa a autoridade, a disciplina, a proteção e o suporte emocional a um filho. É a figura que impõe as regras e os limites. Representa o princípio ordenador, domina os instintos e o desejo. Em seu caráter positivo possibilita o desenvolvimento da personalidade.

Nesse sentido, o pai tem o importante papel de auxiliar o filho a conhecer os conteúdos psíquicos que precisam ser postos a serviço do desenvolvimento do ego e da individualidade. Está em seu poder superar o poder da mãe para que o filho se sinta suficientemente gratificado na mudança de objeto, isto é, o pai precisa ser dotado de qualidade atraente para tirar o filho da simbiose com a mãe. O símbolo do pai opera uma mudança na psique em seu poder discriminador, pois, como representante da lei, impede a busca da satisfação narcísica pela criança e faz a mediação entre o desejo e a lei, entre o princípio do prazer e da realidade.

Mas o arquétipo do pai pode assumir uma dimensão negativa, como a figura de um pai abusivo ou ausente.

Qual a trajetória do papel do pai na família?

Até o século XX, o pai exercia uma função educadora e disciplinadora, sendo muitas vezes castradora, mantendo distância das questões emocionais dos filhos. Em épocas passadas, o papel do pai era de autoridade e os filhos eram considerados suas propriedades. Tinham como função prover as necessidades básicas do núcleo familiar. O pai se isentava de manifestações afetivas diante dos filhos, mantendo seu lugar hierárquico dentro da família, apoiado pela cultura patriarcal que lhe garantia direitos de estar acima da trama familiar. Exercia, portanto, o poder na casa com força opressora com seus filhos e sua esposa submissa.

Após a Segunda Guerra Mundial, em consequência de grandes transformações na sociedade ocidental, a composição da família sofreu profundas modificações, uma delas, de grande impacto, foi a entrada da mulher no mercado de trabalho.

Essa mudança concedeu à mulher um poder, alterando profundamente a estrutura familiar, provocando uma crise de identidade masculina e do papel do homem na família. Sendo assim, foi necessário haver novos arranjos nos papéis parentais e conjugais. O pai torna-se gradualmente mais participativo na relação com seus filhos, resultando numa vinculação mais próxima e afetiva.

Em seu aspecto negativo, a consciência patriarcal deixou na sombra os elementos do matriarcado que passaram a ser reprimidos: a natureza, o contato com o mundo do feminino, da sexualidade e dos vínculos.

E o que dizer da função paterna?

A função paterna é uma função imprescindível para o desenvolvimento cognitivo, psicológico e social da criança. É uma representação fundamental para a construção psicoafetiva desta, contribuindo para o desenvolvimento de competências e habilidades no campo relacional e social. Pode-se dizer que a paternidade nos dias de hoje está em fase de transição, uma vez que essa função se movimenta entre valores antigos e novos.

Na psicanálise, a partir da instauração do complexo de Édipo, o papel do pai passou a ser função estruturante para o desenvolvimento do ego, em que o sujeito se constrói para ingressar na cultura. Portanto, a figura do pai representa a possibilidade do equilíbrio como regulador da capacidade da criança de investir no mundo real, representa o princípio de realidade e de ordem na família.

Freud refletiu sobre a função simbólica do pai por meio da criação de uma fantasia, da horda primitiva, do *Totem e Tabu*. Nela, ele descreve o reconhecimento do pai pelos filhos, assim como a inveja e o desejo de obter o objeto do poder: o poder fálico, uma vez que o pai como objeto fálico é amado, temido, invejado e admirado.

Para Freud, o pai primordial era o primeiro de todos, o pai incastrado, o que não sofreu a lei da castração, o anterior à cultura, anterior à paternidade, o pai que dá origem à lei.

O arquétipo do pai humanizado é o símbolo que promove a estruturação psíquica da criança e lhe abre possibilidades, portanto, a identificação da criança com seu pai se dá por meio da sua interação com ele. No século XX, outros fatores contribuíram para uma transformação do exercício da paternidade por conta do aumento dos divórcios a partir da década de 60, o que fragmentou a família nuclear. Nesse novo contexto, o pai começou a ter novos encargos, incrementando na consciência o significado de ser homem hoje e sua importância no exercício da paternidade.

E o pai da modernidade?

O pai moderno (Souza, 1994) apresenta ambiguidades, conflitos e contradições de um momento de crise em que o passado está sendo deixado de lado e o futuro está sendo gestado, em que o homem sente a necessidade de cuidar mais diretamente dos filhos.

Por outro lado, sua formação patriarcal ainda o influencia como sendo o herói agressivo e guerreiro, que procura prover sua família, mas que deseja também se aproximar dos filhos com a intenção de abrir um diálogo. O pai moderno é um pai que "norteia", apareceu na década de 70 como novo modelo de paternidade. É a imagem de um pai ativo no cuidado da criança, além de prover suas necessidades imediatas.

Essa nova figura do pai está tentando superar o pai do modelo anterior.

E o pai ausente?

A palavra "ausente", como lemos no dicionário inglês de Oxford, significa *"o estado de estar longe de um lugar ou uma pessoa [...] não existência ou falta"*.

Quando falamos da ausência, estamos incluindo a ausência emocional do pai, mesmo que ele esteja presente. Quando um pai é ausente, não pode haver o reflexo de um si-mesmo separado e individual para a filha. Ele representa um lugar de aflição e a filha procura por uma conexão ansiosamente e em vão. O pai ausente exige atenção ao invés de oferecê-la.

O psicanalista André Grenn usou o termo "pai morto" ao se referir a um pai ausente. O que significa pai morto? As feridas não elaboradas, desconhecidas de um pai, sua própria desconexão emocional e insuficiência psicológica, que refletem negativamente no cuidado e relacionamento paternais inquietantes caracterizam a existência de um pai morto. Trata-se de um indivíduo deprimido e internamente morto.

As preocupações do pai, seu afastamento, a falta de presença e depressão são transferidos para a filha.

O pai morto se mantém vivo em sua ausência no psiquismo da filha. Um pai morto olha para a filha, mas não a vê. Seu olhar vazio não emite imagens porque não há um si-mesmo para encontrar seus olhos. Trata-se, portanto, da presença da ausência do pai. Um indivíduo ausente física e emocionalmente contribui para o estabelecimento de um ambiente disfuncional interno na filha. Um pai morto psiquicamente não reconhece seus humores ou defeitos, e sua dissociação dos afetos elimina sua vida interna. Ele perpetua a impotência psíquica. Não tem conexão com uma representação, pois é invisível, um fantasma.

Para falar e aprofundar sobre o tema da ausência paterna, devemos nos debruçar sobre o complexo paterno negativo.

O que é um complexo paterno negativo?

A compreensão dos complexos torna-se fundamental para entendermos com profundidade a psicologia da paternidade, pois essa dimensão nos explicita muito dos obstáculos que encontramos em nossos relacionamentos.

Os complexos são marcas psíquicas que vão se organizando no inconsciente como resultado de nossas vivências conflitivas. Eles são dinâmicos e poderosos, são as lentes pelas quais olhamos o mundo, uma coloração que concede experiências em suas diversas tonalidades.

O complexo é uma rede de caminhos com várias características, uma rede aparentemente inacessível a mudanças. Complexos de acento emocional são núcleos energéticos com duas características. A primeira delas é que, assim como a sombra, possuem um forte conteúdo emocional que provém deles, quando constelados; a outra é a autonomia, tratam de levar o ego a uma conduta compulsiva e repetitiva. Nesse sentido, o indivíduo afetado pode perder-se em certas situações, ficar paralisado, ou ser tomado por grande medo ou atos falhos.

Embora complexos possam se formar a qualquer momento da vida, é na infância que começam a se estruturar aqueles que se constituirão em bases da vida psíquica – os complexos parentais – o complexo materno e paterno.

Um complexo materno e paterno positivo oferece à criança o sentimento do "direito de existir", de ser interessante e de ter confiança de que receberá do mundo "tudo do que precisar".

O desligamento futuro ou disposição à ruptura são fases de grandes mudanças. É um compromisso que virá entre o que a vida própria de uma pessoa deseja e o meio em que ela vive.

O conceito de Grenn do pai morto leva ao complexo paterno negativo na psicologia analítica junguiana. Trata-se do descompromisso com o desenvolvimento psicológico da filha em suas relações e no mundo, até porque os contatos com o pai são importantes para a formação do caráter, hábitos emocionais e padrões de apego. Jung e Grenn entendem que tudo isso depende do cuidado ou da toxidade da relação entre pai e filha, ou seja, defendem a influência do pai na abertura ou contração da personalidade.

A ausência de um pai pessoal afeta a forma como a filha internaliza as normas coletivas psicológicas e sociais que influenciam sua identidade, uma vez que, por ele não estar por perto, ela internaliza nela mesma essa ausência. Na psicologia junguiana, o complexo paterno abrange uma variedade de pensamentos, sentimentos, padrões de comportamento e formas de expressão somáticas. O complexo ocorre quando a energia é obstruída em uma área do inconsciente.

O complexo paterno negativo cobre uma filha como o vento e muitas vezes passa despercebido, pois ela está muito acostumada com sua presença. É familiar, mas a obriga a permanecer uma refém e inconsciente de si ou de como se sente.

Vida psicológica da filha afetada pessoal e coletivamente pela ausência do pai

O mito da traição mostra a história arquetípica perpetrada pelo pai ao usar sua filha em benefício próprio. Agamemnon sacrifica sua filha em troca de vento para navegar para a guerra de Troia. Ele mata um cervo sagrado e enfurece Ártemis, a deusa da caça, que para se vingar acalma os ventos para que o navio não zarpe e ele não consiga navegar até Troia. Agamemnon consulta um vidente que lhe diz que para acalmar a ira de Ártemis ele deve sacrificar Ifigenia. Ele então mente à sua filha e esposa que Ifigenia se casará com Aquiles e ambas, mãe e filha, vão ao porto de Áulis e se deparam com a triste verdade. Aquiles tenta impedir o sacrifício de Ifigenia, em vão. Ifigenia decide se sacrificar em honra de sua própria vontade – morre no altar ou se transforma na deusa Hécate? – seria o início de algo? Nesse mito encontramos o simbolismo da morte psicológica da filha.

O mito coloca em questão o risco da ambivalência de sentimentos que o contexto familiar abre espaço para essa confusão. Na família está implícito que as figuras de pai e mãe nos protegerão. Para a filha encontrar seu cerne, deve olhar para dentro de si. Qual o risco que corre e por que isso é evitado? Talvez a filha não se dê conta do que deve ser transformado em si mesma.

Por trás do ódio pela ausência do pai está o desejo por amor, que pode se apresentar como uma fascinação, podendo prender a filha. Essa atração pode ser ainda mais forte quando o pai não se oferece para a identificação e não acolhe a filha em sua vida, quando permanece uma parte significativa dele na mente da filha.

As angústias da ausência não desaparecem. Conflitos, confusões, dúvida e depressão são fortemente sentidos. A filha deve reconhecer os distúrbios de seu pai ausente, que lhe confere um colorido sombrio e desesperançoso em sua psique, afetando-a negativamente em sua confiança e iniciativa pessoal.

Parece que é aqui que mora a solução, mas também o problema: o crescimento psíquico ocorre em relação às experiências de um pai e de uma filha com ele. Quando o pai é ausente, ele negligencia seu relacionamento com sua filha. É esperado que um pai encoraje a vida emocional da sua filha. Não ocorrendo isso, a filha não consegue se apegar com segurança, nem se separar. Esse pai passa a ser associado com ansiedade, tristeza, amor frustrado, raiva e fúria, opressão e desejo, sentimentos contraditórios que aniquilam o corpo e a alma, emergindo urgência de a filha não se perder ao receber no lugar do amor o vazio. Um pai ausente está e não está por perto. O resultado dessa dinâmica seria uma negação de autonomia, pois *a filha fica aprisionada a esse pai ausente de forma inconsciente*. O estrago causado em seu psiquismo no começo da vida pode levá-la a odiar e se distanciar desse pai e de todos os homens, raramente conseguindo acessar esse *animus* dentro de si.

Podemos lançar aqui uma provocação: se a figura do pai ausente faz com que a filha renuncie ao significado de sua própria existência, não é esta a forma inconsciente de essa filha matar esse pai? Pois, se não existe filha, não existe pai.

Grenn (1986, p. 151) descreve a insuficiência paterna como:

> A crise na função paterna que levou à deficiência do espaço psíquico, é, na verdade, uma erosão do pai amoroso. A função paterna está morta, visto que sua função é dar e amar com todo seu coração.

> [...] A filha se distancia de seu eu vivaz e alinha sua existência ao pai morto. Uma ruina psíquica que toma conta do indivíduo de tal forma que toda a vitalidade e vida congelam onde, na verdade, torna-se proibido [...] ser.

O pai morto perpetua na filha a impotência psíquica que vai refletir em sua imagem corporal e habilidade de pensar. Esvaziada de energia, um caos emocional aumenta. Dessa forma, a filha assume os locais feridos como um meio de "reconstruir a união perdida criando uma complementariedade interna".

Embora esse pai esteja morto literalmente ou figurativamente, permanece vivo por meio da adoção que a filha faz de uma abordagem semelhante para si mesma em suas tentativas de se conectar com ele.

As experiências primárias de amor da filha ocorrem com privações. Sem o alicerce do pai, a filha fica como que num abismo, como se estivesse caindo sem segurança, e esse sentimento fica solidificando na vida adulta. Trata-se da falta de aceitação e desespero interno, insegurança, barreira dentro de si mesma.

Como curamos a ausência do pai?

É importante reconhecer que as feridas existentes na psique da filha não se fecham facilmente. Ela aprendeu a não ser ouvida, aprendeu a não reconhecer seu potencial criativo e assim segue. Sem o encorajamento que a figura do pai transmite, sem o reconhecimento das semelhanças e diferenças, o caminho de elaboração dessa filha fica dificultado. Por ter internalizado o fracasso em sua psique, qualquer situação positiva se converte em negativa, representada na dúvida de merecer, dúvida de escolher, dúvida de reconhecer o outro.

Essa perda de auto-orientação é refletida em uma falta de si mesmo e uma falta nas conexões com os outros. O registro da filha é o de que suas experiências são alcançadas no contexto de perdas – fica difícil perceber e interpretar eventos sem tê-los vivido, pois o passado é o contexto do presente e dá um formato às percepções e reações emocionais.

Desatar esses nós não é tarefa fácil, até porque será preciso desvendar impasses, distorções e dissociações, os conflitos não resolvidos, que ficam trancados a sete chaves em seu interior. As necessidades reprimidas da filha, se não forem trabalhadas, não poderão ser encontradas e transformadas.

Os pais são responsáveis pelo bem-estar emocional de suas filhas e, sem sua interação, a perda internalizada implora para ser preenchida. A filha terá condições de perceber que precisa de ajuda sem a orientação paterna? Estará autorizada a denunciar essa falta? Internamente, ela não consegue balizar sua importância na relação. Para ela, o pai é a autoridade e ela se torna diminuída, portanto, ela não se autoriza a lamentar, pois como seria possível lamentar o que nunca teve e o que não foi reconhecido?

O mal causado pela ausência de pai cria padrões ao longo das gerações que nem sempre foram constatados. Apenas por meio de um intricado processo a filha poderá discernir a verdade da ficção, o real do imaginário. A cura precisa lidar com o anseio, a tristeza e o sentimento de perda. Essas feridas, ao serem reconhecidas e integradas gradualmente, se tornam fonte de desenvolvimento.

O processo terapêutico colabora para a transformação da identidade da filha: do que não havia para o que passa a ter, do inconsciente para o consciente.

Um trabalho psicológico constela o si-mesmo e o outro, o paciente e o analista, que desenham juntos os movimentos da psique. O analista terá como desafio auxiliar a paciente na descoberta de aspectos desconhecidos para que ela possa escapar dos limites do seu ambiente e para ajudá-la a constelar seu curador ferido, fornecendo um espelho para ela perceber o que ela não conseguia anteriormente, as imagens presas numa psique carente.

A terapia fornecerá um lugar onde a filha possa evoluir com segurança com um terapeuta que esteja emocionalmente envolvido numa empreitada conjunta. Como escreve Kristeva (1988, p. 6):

> A situação terapêutica é o único lugar explicitamente previsto no contrato social em que podemos falar sobre as feridas que sofremos e buscar possíveis novas identidades e novas formas de falar sobre nós mesmos.

Referências

Almeida, M. B. V. B e. (2007). *Paternidade e subjetividade masculina em transformação: crise, crescimento e individuação. Uma abordagem junguiana* (Dissertação de Mestrado). Instituto de Psicologia da Universidade de São Paulo, São Paulo. https://doi.org/10.11606/D.47.2007.tde-13082007-150555

Benczik, E. B. P. (2011). A importância da figura paterna no desenvolvimento infantil. *Rev. Psicopedagógica, 28*(85).

Cavalcanti, R. (1996). *Mitos, Símbolos e Arquétipos*. São Paulo: Cultrix.

Bollas, C. (1999). Cracking up: The work of unconscious experience. Nova Iorque: Hil & Wang. In Schwartz, S. E. (2023). *O efeito da ausência do pai nas filhas: desejo paterno, ferida paterna*. (Trad. Danielle Barbosa). Petrópolis: Vozes.

Di Loretto, O. (2004). *Origem e modo de construção da mente a psicopatogenese que pode estar contida nas relações familiares.* São Paulo: Casa do Psicólogo.

Edinger, E. F. (1993). *A criação da consciência.* São Paulo: Cultrix.

Engels, F. (1984). *A Origem da família da perspectiva privada e do Estado.* (Trad. Leandro Konder). Rio de Janeiro: Civilização Brasileira.

Faria, D. L. (2021). *Imagem do pai e do masculino na clínica e na cultura.* Curitina: Appris.

Fernandes, C. S. (2007). *O lugar do pai na contemporaneidade* (Monografia). Faculdade de Ciencias de Saúde do Centro Universitário de Brasília, Brasília.

Freud, S. (1979). *Totem e Tabu.* Edição Standart Brasileira das Obras Completas. (vol. XIII). Rio de Janeiro: Imago, Editora Lada.

Grenn, A. (1986). On private madness. Hogart. In Schwartz, S. E. (2023). *O efeito da ausência do pai nas filhas: desejo paterno, ferida paterna.* (Trad. Danielle Barbosa). Petrópolis: Vozes.

Grenn, A. (2001). Life narcisismo, death narcisim. Free Association Books. In Schwartz, S. E. (2023). *O efeito da ausência do pai nas filhas: desejo paterno, ferida paterna* (Trad. Danielle Barbosa). Petrópolis: Vozes.

Jung, C. G. (1986). *Símbolos da transformação.* Petrópolis: Vozes.

Jung, C. G. (2008). *Os arquétipos e o inconsciente coletivo.* 6a ed. Petrópolis: Vozes.

Jung, C. G. (2011). *Freud e a psicanálise,* O.C. (Vol. 4). Petrópolis: Vozes.

Kast, V. (1997). *Pais e filhas, mães e filhos: Caminhos para a autoidentidade a partir dos complexos maternos e paternos.* (Trad. Milton Camargo Mota). São Paulo: Loyola.

Kristeva, J. (1988). In the beginning was love. Columbia University Press. In Schwartz, S. E. *O efeito da ausência do pai nas filhas: desejo paterno, ferida paterna.* (Trad. Danielle Barbosa). Petrópolis: Vozes.

Kohon, G. (1999). The dead mother. The work of André Grenn. Routledge. In Schwartz, S. E. (2023). *O efeito da ausência do pai nas filhas: desejo paterno, ferida paterna.* (Trad. Danielle Barbosa). Petrópolis: Vozes.

Lima Filho, A. P. (2002). *O pai e a psique.* São Paulo: Paulus.

Murdock, M. (1998). *A filha do herói.* (Trad. Samia Rios). São Paulo: Summus.

Phillips, A. (1999). Taking aims: André Grenn and the pragmatics of passion. In Kohon, G. (Ed.). (2023). *The dead murter: the work of André Green*. Routledge.

Roudinesco, E. (2003). *Família em desordem*. (Trad. André Telles). Rio de Janeiro: Jorge Zahar.

Schwartz, S. E. (2023). *O efeito da ausência do pai nas filhas: desejo paterno, ferida paterna*. (Trad. Danielle Barbosa). Petrópolis: Vozes.

Urribari, F. (2012). André Green: o pai na teoria e na clínica contemporânea. *J. Psicanal*. [online], 45(82), 143-159.

8.

MORTE – AUSÊNCIA – LUTO EM FAMÍLIA: UM SINO SILENCIOSO

> *Não me deixe rezar por proteção contra os perigos, mas pelo destemor de enfrentá-los,*
> *Não me deixe implorar pelo alívio da dor, mas pela coragem de vencê-la.*
> *Não me deixe procurar aliados na batalha da vida, mas a minha própria força.*
> *Não me deixe suplicar com temor aflito para ser salvo, mas esperar paciência para merecer a liberdade.*
> *Não me permita ser covarde, sentindo sua clemência apenas no meu êxito, mas me deixe sentir a presença de tua mão quando eu cair.*
> (Rabindranath Tagore)

> *A curva da vida é como uma parábola projétil que retorna ao estado de repouso, depois de ter sido perturbado no seu estado de repouso inicial.*
> (Jung, 1984, p. 357)

> *É a transitoriedade da vida que engrandece o amor. Quanto maior o risco, mais forte se torna o vínculo.*
> (Colin Parkes, 2009)

No século XIII, segundo o bispo Guillaume Durand de Mende, liturgista da época, o moribundo deveria estar deitado de costas a fim de que seu rosto olhasse sempre para o céu. Primeiro ato ritual seria o lamento da vida, seguido da retrospectiva nostálgica da vida, o perdão dos companheiros, dos assistentes, comum como ritual de despedida. Também era costume o arrependimento e a expiação de culpa na hora da morte, em posição de contemplação: mãos unidas elevadas ao céu rogando a Deus que lhe ofereça o Paraíso. Eram as recomendações ao alto.

Esse era um gesto do penitente seguido do *commendatio animae*, paráfrase de uma prece tomada dos judeus da sinagoga. No francês do século XVI ao século XVIII, essas preces eram chamadas de *recomnendaces*.

Orava-se: "Verdadeiro Pai, que nunca mentiste, tu que chamas de volta Lázaro de entre os mortos, tu que salvas Daniel dos leões, salva a minha alma de todos os perigos...".

O padre então lia os salmos, o *Libera*, incensava o corpo e o aspergia com água benta e o absolvia. A extrema unção era dada aos clérigos e aos monges na igreja.

Essa observação era repetida no sepultamento. Esse ritual era chamado de "absolvição de corpo presente". Na França racionalista e positivista do século XIX, frequentemente as coisas se passavam desse modo. Sabendo de seu fim, o moribundo tomava suas próprias providências, ou seja, braços abertos em atitude de oração.

A partir daí, esperava-se a morte no leito em silêncio e introspecção. Essas cerimônias eram públicas, organizadas pelo próprio moribundo, que as presidia e conhecia seu protocolo.

Os médicos do fim do século XVIII descobriram as primeiras regras de higiene e passaram a prescrever certo limite de pessoas junto ao agonizante, pois o local tinha livre acesso, contando com parentes, amigos e vizinhos. Levavam-se também as crianças. Até meados do século XIX o enlutamento público era pautado pela expressão pública da dor da perda por meio de rituais coletivos de luto. Os passantes que encontravam na rua o pequeno cortejo do padre o seguiam e entravam no quarto do moribundo, tornando a cerimônia pública.

A simplicidade com que os rituais da morte eram aceitos e cumpridos, de forma cerimonial, sem caráter dramático ou gestos de emoção excessivos, era perceptível. E assim se morreu durante séculos ou milênios. A atitude tradicional diante da morte aparece como uma massa de inércia e continuidade. Os rituais eram cumpridos e aceitos.

A antiga atitude, em que a morte é atenuada e indiferente, se opõe à postura de hoje, em que a morte nos amedronta.

A perspectiva junguiana considera a dor como uma experiência humana que tem uma regularidade nas emoções e no comportamento, sugerindo que essas experiências, que envolvem perdas, são influenciadas por temas arquetípicos comuns às experiências por que passa toda a humanidade.

Comumente, a pergunta que nos fazemos diante de uma grande perda é: como irei continuar? Essa questão que se apresenta nos coloca em contato com a angústia da perda do relacionamento.

Durante toda a história, criamos rituais que registram a transitoriedade dos relacionamentos nos rituais de passagem, matrimônio, festa de despedida, funerais. Lembramo-nos dos bons e maus momentos, dos alegres e tristes que vivenciamos na presença do outro. A angústia que sentimos não é apenas pela pessoa que se foi, mas por nós, obrigados que somos a continuarmos o caminho sem ela.

E um vazio profundo se instala. É comum dizermos que partes de nós morreram!

Mantemo-nos próximos do outro com receio de um dia perdermos as pessoas que amamos ou elas nos perderem. Essa inquietação parece vibrar em nós como um sino silencioso a badalar em nossas cabeças.

Enlutados experimentam um sofrimento intenso ao se depararem com a perda de alguém próximo e amado, um sofrimento acompanhado de dor profunda, capaz de nos despertar no meio da noite. Estudar o luto hoje é abordar a experiência humana com raízes em várias áreas do conhecimento.

O tema da angústia começou a ser assunto comum em jornais, livros e filmes, divulgando um conhecimento espiritual e a experiência que nenhum de nós escapará de vivenciar.

Quando diante do tema do luto, duas diferenças devem ser reconhecidas: o luto que ocorre antes da perda e o luto que ocorre depois dela.

O luto que sucede a perda tende a diminuir à medida que nos adaptamos a viver sem a presença da pessoa que perdemos, mas o luto que a antecede favorece a intensificação do vínculo e uma maior preocupação com a pessoa em questão.

Pesquisas psicológicas sugerem haver um conjunto de regras que governam o amor e a perda, isto é, uma força dinâmica que pode ser medida.

Mas... medida com a cabeça ou com o coração? É possível medir algo tão complexo como o amor? Como identificamos o amor nessas relações?

Um componente indispensável para se estabelecer relações amorosas seria o compromisso que a família estabelece entre si. O amor pode ser considerado o laço psicológico que vincula as pessoas por um longo período, uma fonte que irriga os prazeres da vida. A perda seria, então, uma fonte da mais profunda dor.

Metaforicamente, o amor pode ser entendido como um elástico em que o afeto se fortalece quanto mais distante se estiver de quem se ama. Alguns estudiosos afirmam que, uma vez estabelecido o laço amoroso, dificilmente ele será afrouxado (Klass, Silverman & Nickman, 1995, p. 27). Certamente, o amor é a fonte de segurança, autoestima e confiança que nos dá suporte e sensação de pertencimento.

Concluímos, então, que o vínculo é mantido pela força do laço que irá dificultar seu rompimento.

Podemos constatar que, ao longo da história, o modo de enlutar-se vem mudando. Na contemporaneidade há maior privacidade e autonomia quanto ao modo de expressar e compartilhar a experiência de sofrimento. Uma nova sensibilidade social condiz com a ideia de não importunar o outro com seu sofrimento e dor.

Freire (2005), Koury (2003) e Walter (1996) apontam para a individualização e privatização do sofrimento, sendo esse vivenciado na intimidade, na invisibilidade e no isolamento social. Questões surgem com relação à produção do conhecimento e pelos profissionais de Psicologia a respeito da morte e da perda, com o seguinte posicionamento: tem-se contribuído com a individualização da experiência do sofrimento e com a invisibilidade social dos enlutados?

Para compreender a abrangência dessa questão, é preciso perguntar quais foram os desafios dos pioneiros no processo de delimitação do fenômeno da experiência do luto. Daí é possível distinguir um horizonte de trabalho no campo da perda com perspectiva teórica que não reforce a individualização do sofrimento e a invisibilidade dos enlutados. Será necessário também compreender como se comportam as redes sociais em torno do enlutamento.

Todas essas questões nortearam a revisão da literatura.

Assim, Freud (1917/1974), Lindemann (1944), Bowlby (1961) e Parkes (1988), ao privilegiarem uma visão universal de homem, sobretudo aliada a uma perspectiva epistemológica positivista, deram ênfase à concepção de que vivenciar uma perda, do ponto de vista psicológico, implica realizar uma transição psicossocial específica, que tem implicações na identidade, na cognição, no comportamento, nas emoções e na família. Definiram no campo do conhecimento padrões de adaptação e resolução de uma perda que subsidiariam a construção de conceitos de luto normal e patológico.

Vamos então a esses questionamentos.

O que é a morte e como a vivenciamos?

Na sociedade ocidental a morte é uma das grandes angústias humanas que circunscreve a existência de todos os homens. É sabido que ela coloca um limite à vida na Terra. Se traçarmos a linha do tempo desde as épocas mais remotas, o homem sempre abominou a morte, pois em nosso inconsciente ela nunca é possível quando se trata de nós mesmos, por ser inconcebível para o inconsciente imaginar um fim real para nossa vida na Terra. Em nosso inconsciente só podemos ser mortos.

O inconsciente só é capaz de compreender a morte sob uma perspectiva: uma súbita e assustadora interrupção da vida por meio de uma morte trágica, um assassinato ou uma das muitas doenças horríveis que existem (Kubler-Ross, 2017, p. 140).

A morte esteve sempre atribuída a algo maligno fora do nosso alcance, a algo em si que clama por recompensa ou castigo. Na tradição judaico-cristã, é considerada uma passagem a um estado de consciência diferente.

Heidegger (1967) afirma que a morte não é apenas o fim da existência, mas um dos elementos constitutivos da própria vida. A morte nos iguala, é inexorável, irrevogável, direito e destino do ser vivo. Uma possibilidade existencial que independe de qualquer força social para atuar e pode nos surpreender a qualquer momento. É um fim enquanto existência restrita, é o limite que ordena a ação humana no tempo em um espaço que a valida.

Para Leloup (1999, p. 36), a morte é um despertar para uma realidade da vida, faz parte dela, mas é também um mistério, já que é impossível falar sobre algo que não vivemos ainda.

E a morte para Jung?

Jung escreve: "é no misterioso momento do meio-dia da vida que acontece o nascimento da morte".

Entre os 35 e 45 anos, a curva da vida alcança seu auge, dá-se a grande transição.

"Vida" significa ascensão e queda, desenvolver-se e definhar e, diante dessa totalidade de vida e morte, deve-se ainda perceber como é grande a semelhança entre o desejo de viver e o desejo de morrer.

Jung infere que a derradeira meta, que a cada momento se aproxima mais da pessoa que envelhece, é a morte. Para ele, o homem moderno está cada vez mais despreparado para ela. O autor formulou a psicologia da individuação e o processo de conscientização como um ponto de confronto com os conteúdos da psique inconsciente, tendo em vista a segunda metade da vida. Para Jung, só permanece vivo quem estiver disposto a morrer com VIDA. A individuação, portanto, além de um processo que se dá ao longo da vida, quando bem compreendida é uma preparação para a morte (Jaffé, 1995).

Falando sobre a morte, Jung baseia-se na crença na vida como um setor do Ser que transcende infinitamente os anos vividos. O fim da vida, nesse sentido, seria "o segundo nascimento" que, visto de fora, se parece com a morte.

A assim chamada vida, para o autor, é "um breve episódio entre dois grandes mistérios, que, de fato, se resumem em apenas um" (CIT). Ao ser perguntado sobre o sentido da vida, Jung dizia se tratar de uma ampliação da consciência com todas as suas consequências espirituais, religiosas e éticas.

Sobre a própria morte, Jung diz: "Não devo temer a morte, pois eu já expiei as minhas faltas" (CIT).

No sentido psicológico, a ideia da morte faz parte do simbolismo da individuação, que indica a recomposição das unidades da alma que até então estiveram projetadas nas pessoas amadas. Essa composição aproxima o homem da meta da individuação, da totalidade. Para Jung, tempo e espaço são pressupostos básicos insignificantes para a psique, quando em face da eternidade. É importante ressaltar que Jung não deixou de ver o elemento trágico da morte, a brutalidade da morte física, a prematuridade da morte ou mesmo a idade avançada de quem nada tem a oferecer.

Como a humanidade lidava com o enlutamento no passado?

Na Idade Média havia um posicionamento de sacralização diante da morte, um compartilhar do sofrimento pautado por tradições religiosas, em que os enlutados se preocupavam com o destino do morto e da absolvição de sua alma. Havia rituais de luto públicos e coletivos (Ariès, 1981).

No fim desse período histórico, a morte sofreu uma progressiva dessacralização. "A morte se tornou imoral e o luto uma enfermidade" (Ariès, 1981, p. 36). Ou seja, a morte começa a ser vista como possibilidade de estudo.

A partir dessa época, novas preocupações surgiram, associadas ao momento da morte em relação aos sentimentos de perda e à manutenção dos vínculos afetivos parentais e conjugais.

No século XIX, o movimento romântico celebrava os vínculos parentais para além da morte e cultivar a dor era um compromisso emocional de quem ficou. Dessa forma, o enlutamento expressava a subjetividade das relações de afeto e lidava com a dor da perda com mais privacidade (Ariès, 1981; Stroebe, Stroebe & Gergen, 1992).

A partir do século XX, a dessacralização passou a ser objeto de estudo e intervenção profissional, isto é, o luto passou a ser considerado e trabalhado. Como isso se deu?

Morrer passou a ser vivenciado nos hospitais por meio de tecnologias científicas de cuidado e por clérigos que dividiam suas crenças a respeito da vida e da morte. Walter (1997), estudiosa dos processos de secularização do luto nas sociedades americanas, ressalta que a forma de se enlutar passou a se exprimir por preocupações pessoais em torno da perda vivida e não mais por condutas sociais tomadas diante da morte. Sociólogos, antropólogos e historiadores cunharam este termo: demanda privada de enlutamento, o que passou a indicar um individualismo na vivência do luto. O individualismo passou a ser problematizado.

A partir daí, começou a haver o esvaziamento dos rituais coletivos de luto.

Como passou a ser vivenciada a experiência do luto e quais foram os pesquisadores pioneiros?

Kouri (2003) demonstrou que, a partir dos anos 1970, houve uma diminuição acentuada da força e da simbologia das tradições religiosas coletivas diante da morte, por meio de investigação feita numa amostra de mais de 1.300 enlutados, na sociedade no Brasil contemporâneo, trazendo uma nova visão social da pessoa enlutada, do sofrimento e como ele passa a ser vivido socialmente. Constatou que houve um aumento da privacidade do sofrimento, sem manifestações sociais grandiosas do sentimento, esvaziamento dos rituais coletivos e isolamento social do enlutado.

Comprometidos com os pressupostos epistemológicos do positivismo[9], determinismo, simplicidade[10] e estabilidade, pesquisadores pioneiros buscaram compreender o sentido psicológico do luto, afirmando se tratar de um evento psicológico distinto de outros estados emocionais que impacta o funcionamento intrapsíquico, no Self e na identidade social e que irá gerar padrões de adaptação normal ou patológico.

Começam, então, a surgir diferentes conceituações sobre a experiência do luto: Darwin (1872, 1998) o descreve como uma experiência emocional primária ou ataque agudo; Lindeman (1944) delimita a experiência do luto como uma crise adaptativa com manifestação de vários sintomas: falta de energia e de sentido estressomáticos, distorções na percepção e sensação, culpa, hostilidade, mudança de padrões habituais.

A psicanálise de Freud (1917/1974), pautada no modelo da depressão, entende a experiência como reação emocional à perda. Freud descreve a experiência como uma profunda dor mental, perda e inibição de interesse nas atividades.

Bowlby (1961; 1990) aponta as reações de anseio e protesto com as distintas emoções geradas pela separação do vínculo. Stroebe & Stroebe (1994a), na perspectiva teórica cognitiva, explicam as reações fisiológicas de estresse geradas pela perda como uma reação ao estresse, perspectiva que difere da psicanalítica ao enfatizar a perda em si como um evento estressante da vida que sobrecarrega os recursos individuais de enfrentamento.

---

[9] Positivismo e determinismo são correntes filosóficas, pautadas no conhecimento proveniente da experiência sensível e arraigadas a métodos científicos objetivos, surgidos na França no século XIX. Ambos estabelecem o fundamento de que os fatos que acontecem no presente têm causas anteriores.

[10] Separa-se o complexo em partes nas pesquisas científicas que buscam relações causal lineares.

Todas essas perspectivas delimitam um conjunto de reações emocionais, comportamentais e físicas que caracterizam o sofrimento individual de uma pessoa.

Falar de enlutamento é falar de apego?

Quando falamos de luto, falamos de vínculos.

É bom considerarmos como esses vínculos se formaram, a qualidade das relações afetivas primárias que determinarão padrões futuros de vinculações e quais recursos aprendemos para lidar com separações inevitáveis independentemente de quais situações as motivaram.

O ser humano é o único reino que desenvolveu a consciência autorreflexiva, isto é, nos reconhecemos e reconhecemos o mundo a nossa volta. Falar de apego é falar de uma espécie de amor que se manifesta pelo desejo de proximidade, conforto, segurança e sofrimento, quando a pessoa não se mostra disponível, havendo resistência de separação.

Bowlby (1990), psiquiatra e psicanalista, desenvolveu a teoria do apego, baseada no comportamento instintivo, que integra as ideias da psicanálise, da etiologia e da psicologia cognitiva. A teoria do apego de Bowlby propõe-se a descrever e explicar certos fenômenos centrais do desenvolvimento emocional humano presentes da primeira infância até a morte. Ele afirma que "o vínculo da criança com sua mãe é um produto da atividade de um certo número de sistemas comportamentais, que tem a proximidade com a mãe como resultado previsível" (CIT).

Conforme a teoria do apego, a personalidade é formada tendo como ponto central a manutenção da proximidade do outro diante da necessidade de segurança e cuidado, como sendo um fator de sobrevivência. Um dos fenômenos da teoria do apego é a proposta de que, durante a infância, toda pessoa cria modelos mentais da vida social, nos quais está implícito o que esperar de si próprio, sua autoimagem, o outro e as relações interpessoais, construídos por meio do relacionamento interpessoal com as pessoas mais significativas da vida da criança, suas figuras de apego nas horas de perigo, dificuldades, dores físicas e mentais. Seriam figuras de apego em bases seguras.

A postura de Bowlby (1990) sob o aspecto etiológico é adaptativa e compreende que nascemos estruturalmente programados para buscar a proximidade com o outro, que pode ser a mãe ou qualquer figura substituta para que a sobrevivência seja garantida. A função do comportamento de apego é a manutenção da proximidade com as figuras apegadas.

E por que a proximidade se dá?

Para Bowlby (1990), a proximidade se estabelece porque a mãe promove conforto e segurança ao seu bebê. Essa visão determinista ancorada em aspectos psicobiológicos humanos explica a intensidade do comportamento do enlutado.

Bowlby nos chama a atenção para um outro componente extremamente importante do amor, que é a "monotropia", um vínculo com uma pessoa apenas, ou seja, um apego incalculável no vínculo estabelecido, como o que se dá diante da perda de um filho.

Separações e perdas têm efeitos significativos na saúde, principalmente psicológica (Parkes, 1996), chegando a aumentar o risco de mortalidade.

Cientistas começaram a medir aspectos do amor e do luto e dos mistérios que a perda envolve na tentativa de aumentar nossa compreensão a respeito do sentimento de alegria e nosso sofrimento em situação de perda. Como aumentarmos o primeiro e diminuirmos o segundo?

O que é o luto e quais os tipos de luto?

Luto por morte é um acontecimento importante e óbvio que dificilmente poderá ser considerado com superficialidade.

É um fenômeno natural, um processo complexo que, segundo Kreuz e Tinoco (2016), envolve sentimentos de pesar, tristeza em relação à perda de algo ou alguém significativo. É uma experiência humana vivida de forma singular em busca da adaptação à realidade e à reorganização da vida familiar e social.

Colin Murray Parkes, psiquiatra britânico que trabalhou com Bowlby no Tavistock Institute desde a década de 50, tem se dedicado à pesquisa das questões do luto. Para ele, o luto é entendido como uma importante transição psicossocial, com impacto em todas as áreas de influência humana.

Para Parkes (1998), o luto diz respeito a qualquer situação relacionada à perda significativa. O luto não necessariamente deve ser considerado uma doença mental, ou seja, uma debilidade mental que leva as pessoas a desmoronarem, perderem o controle sobre seu comportamento e tornarem-se incapazes de agir racionalmente. As doenças caracterizam-se pelo desconforto e pela alteração de função que causam. O luto causa desconforto e alteração de função.

Na visão psicanalítica, o trabalho de luto significa o confronto com a realidade da perda pela necessidade de o psiquismo manter um equilíbrio pulsional de controle e descarga de estímulos. Quem realiza esse trabalho é o ego, por meio do qual ocorre o desligamento e a retirada da libido do objeto catexizado.

O trabalho de luto envolve atividades psíquicas do ego para a descatexização do objeto e sua recatexização em outro objeto, modificando a realidade intrapsíquica do enlutado.

Numa visão global, o luto se assemelha a uma ferida física em que a perda pode ser referida como um "choque", que gradativamente vai sendo curado, podendo haver complicações, ou seja, cura mais lenta, ou outro ferimento abrindo-se naquele quase curado.

Entendendo o luto por meio da neurociência

A reação psicológica ao luto pode ser entendida no vértice neurobiológico, ou seja, pode-se subjetivar o objetivo (Arantes & Gonçalves, 2013), compreendendo a relação entre o luto e seu processo psicológico com a neurobiologia.

A neurociência hoje contribui nas hipóteses que relacionam as emoções com regiões do cérebro. Hipotálamo, núcleo septa, hipocampo e amígdala, localizados no sistema límbico, pertencentes ao SNC, são os responsáveis por controlar e mediar memória, emoção, aprendizagem, sonho, atenção e estimulação, expressão da emoção e percepção motivacional, sexual e do comportamento sexual (Cordeiro, 2014, p. 21). Com os avanços nas técnicas que permitem uma aproximação entre emoção e suas origens no SN, a neurociência conseguiu apontar a amígdala como a principal estrutura responsável pela memória.

Com o progresso científico, pode-se construir hipóteses de aproximação entre conceitos físicos e subjetivos que proporcionam saber da importância da amígdala e da neuroplasticidade do cérebro, seu impacto direto em processos de luto. Cordeiro (2014) relaciona os processos de mudança no cérebro a uma parte chamada giro do cíngulo, região atuante em relação a múltiplas funções, relacionadas ao luto e à recuperação. Sendo o luto ligado às memórias e experiências, há a noção de que a recuperação do luto parte de um novo aprendizado, fenômeno intrinsecamente ligado à plasticidade do cérebro.

Com tais modificações, Cordeiro (2014) aponta que "quando perdemos algo que gostávamos muito, evocamos nosso aprendizado, que traz a memória de experiência". Abre-se certa compreensão entre a plasticidade neural e o luto, pois o luto traz um dia a dia diferente, com mudanças e adaptações que terão de ser apreendidas pelo SN de modo que a neuroplasticidade comportamental aja sobre o indivíduo para que tais mudanças se adequem às experiências, gerando novas memórias.

Quais as reações atípicas com relação ao luto?

Uma pequena proporção de pessoas sofre de um tipo de colapso após uma perda, devendo ser encaminhada para atendimento psiquiátrico.

Esses casos são classificados como não específicos e compreendem uma ampla classe de sintomas psiquiátricos que se apresentam como resposta ao estresse. Já as condições específicas são formas de luto patológico. A questão é agravada quando pessoas que apresentam sintomas do tipo não específico manifestam características do luto patológico. São chamados casos mistos, impactando o trabalho, o sono, a saúde, prolongando o tempo do luto normal, angústia e ansiedade insuportáveis.

Como classificamos o luto e como as famílias o vivenciam?

A perda de um ente querido é vivida tanto individualmente como no contexto familiar, influenciando o funcionamento e a dinâmica de uma família que em seu sistema integrado de relações é atingida e alterada para SEMPRE, evento que exige de seus integrantes nova reorganização.

A vivência do luto é diferente nas diferentes estruturas familiares.

Caso a perda aconteça num contexto de família com interação funcional, o apoio mútuo dos membros ajustará a adaptação necessária por meio da liberdade de comunicação e expressão de sentimentos e pensamentos. A coesão familiar e a resolução construtiva das diferenças de opiniões passam a ser requisitos para o enfrentamento da situação de estresse familiar.

Entendemos que famílias funcionais sejam aquelas que se apoiam mutuamente, têm alta coesão na resolução de conflitos, toleram mais as diferenças de opiniões entre seus membros, lidam de forma construtiva, numa comunicação mais franca e clara.

Já nas famílias disfuncionais não é esperado apoio nesse nível, por serem famílias em que seus membros se relacionam numa comunicação hostil, distante e reativa. Nessa tipologia, a deterioração do pouco que resta de vínculo é quase certa. A falta de colaboração entre os membros é notável, apresentam baixo nível de coesão, dificuldade em expressar sentimentos e alto nível de conflitos, tendem a rejeitar a ajuda de outras pessoas. Em famílias intermediárias, a coesão é moderada em suas relações, com baixo nível de conflito, mas quando expostas a grande tensão e estresse, tendem a deteriorar-se. A tipologia disfuncional e a intermediária apresentam-se como famílias com maior risco de desencadearem sintomas depressivos e morbidade psicológica, refletindo na atividade social, no trabalho e lazer.

Como o sistema familiar enfrenta a possibilidade da morte de um membro da família?

O sistema familiar experimenta uma transformação intensa e muitas vezes abrupta nesses casos, com grande dose de ansiedade e sofrimento que exigirá do grupo negociações e novos formatos de interação. Essa mudança na estrutura familiar é uma das mais difíceis de se estabelecer em termos de organização e de redefinição de papéis e funções no ambiente familiar.

É comum a família desejar manter a configuração anterior à morte do parente, elegendo algum membro para assumir as funções do falecido, assim como algum elemento da família ter dificuldade de expressar a dor da perda e falar de seu sentimento.

Como os familiares e o próprio paciente se comportam na iminência da morte de um parente?

Kubler-Ross, observando seus pacientes terminais e todas as pessoas que sofrem uma perda, elencou estágios semelhantes pelos quais passam, sendo eles:

1. o choque e a negação – uma defesa saudável de se lidar com más notícias repentinas e inesperadas. Permite que a pessoa considere a possibilidade do fim de sua vida e voltar ao dia a dia de sempre;

2. a raiva e o rancor acontecem quando a negação deixa de ser viável. É um estágio difícil para as famílias, pois espalha-se como um tiro dirigido a todos que estejam ao seu redor;

3. a negociação ou barganha – ultrapassada a raiva e a culpa. O paciente costuma negociar com Deus, não está mais tomado pela raiva, atira a esmo, mas já não acerta em nada;

4. a mágoa e a dor – neste estágio não há nada de positivo a explorar. Não há consolo. É melhor aceitar o pesar do enfermo, ter um gesto de carinho e ficar em silêncio;

5. a aceitação – neste estágio as pessoas já expressaram a raiva, choraram, lamentaram, resolveram questões pendentes, verbalizam seus medos.

Qual o tempo previsto de elaboração do luto?

Esse tempo é chamado de "processo de luto". Varia de pessoa a pessoa com a duração de dois anos. Em alguns casos, o tempo previsto começa a se estender indefinidamente e os comportamentos relacionados à perda se tornam disfuncionais, atípicos, com quadros associados a:

- perda ambígua – a pessoa está morta, mas não existem provas reais capazes de se tornar a prova incontestável (é o caso do desaparecimento de alguém ou doença degenerativa);

- luto crônico – um luto que não termina. Perdas ambíguas podem causar este tipo de luto. O luto passa a reger o humor da pessoa e da família;

- luto negado ou postergado – aqui há a ausência das reações de luto. Ocorre quando a pessoa passa por dois lutos em pouco tempo.

Luto antecipatório e as tarefas do luto na família

O luto antecipado ocorre após a declaração de morte próxima de uma pessoa significativa. É um processo de construção de significado que apresenta a possibilidade de elaborar o luto a partir do adoecimento.

O luto antecipatório, segundo Rando (2000), permite absorver a realidade da perda gradativamente ao longo do tempo, resolver questões pendentes com o adoecido (ter a oportunidade de expressar sentimentos, perdoar, ser perdoado), iniciar mudanças de conceitos sobre a vida.

O processo de luto tem início no momento em que se sabe do diagnóstico fatal, seguido de sensação de perdas imediatas: segurança, funções físicas, imagem corporal, força e poder, independência, autoestima, respeito pelos outros, perspectiva de futuro (Fonseca, 2004).

As pessoas antecipam o sofrimento da perda e vivem uma condição paradoxal em que não podem compartilhar o futuro com a pessoa que irá morrer e ao mesmo tempo colocar um fim à angústia da espera.

Enfrentamento da morte na família: a família seria o paciente invisível?

A família também se apresenta adoecida, mas de maneira específica, a começar pela fase de crise que chega com o diagnóstico, em que as interpretações que esta fará sobre os sintomas e sinais estão fundamentadas em seu sistema de crenças e modo de funcionamento. Outra fase desafiante é na fase crônica, em que já não se consegue viver a vida "que se tinha". O paciente e a família devem suportar os desafios decorrentes das complicações e crises mais agudas.

Ao entrarem na fase final da doença, há a confirmação de que a morte é inevitável, e então a família é convocada a lidar com a possibilidade da separação e com a impotência diante do fato. Aqui a família exercita a despedida.

As repercussões imediatas à perda de um membro da família constituem-se numa experiência única que afeta as bases da vida individual e familiar. Elas ganham tonalidades diferentes, dependendo de quem morreu – se é criança, um pai, avós – e de como era a relação com o falecido. É importante ressaltar que os acontecimentos que provocam inesperadas mudanças importantes na vida desafiam nosso mundo presumido e provocam uma crise até que as adaptações sejam alcançadas. As pessoas que enfrentam o luto estão extremamente fragilizadas com demandas diferentes. Não há uma forma de prever como se dará a vivência do luto na família. Divergências decorrentes das diferentes reações e necessidades de cada membro, a começar por decidirem por cuidados paliativos (o que significa para cada um, nem sempre todos os integrantes consideram benéficos, às vezes, recusam esses cuidados por interpretarem como uma falta não acompanhar o parente em seus últimos momentos), pelo cerimonial, que destino se dará aos pertences do falecido etc. Tudo isso pode favorecer conflitos entre os que ficaram.

A vivência da complexidade das doenças oncológicas exige a adaptação do doente e de seus familiares, desde o diagnóstico até a morte, o que irá repercutir não só no doente, mas também na família toda, na medida em que mudanças estruturais, afetivas e nas relações se evidenciam. Inseguranças, tristezas, mágoas e ressentimentos desafiam a estabilidade psicológica de cada membro e do núcleo familiar

Qual o papel do analista nesse cenário?

Em primeiro lugar, deve-se estar sensível diante do enlutado numa escuta cuidadosa e de respeito. Acompanhar a dor, esperar, ouvir, empatizar, não ser um executor de técnicas para amenizar a dor, mas sim identificar em si suas próprias dores e perdas e respeitar os limites dos recursos internos do enlutado.

Possibilitar um espaço íntimo e de aconchego ao enlutado pode ajudar na elaboração do luto, contribuir para a estabilidade psíquica do indivíduo, viabilizar mudanças necessárias decorrentes da perda, ser um suporte solidário e atento até que surjam as condições por parte do enlutado para a retomada da vida, agora adaptada à nova realidade.

Referências

A dinâmica familiar no processo de luto: revisão sistemática da literatura. (s.d.). DOI: 11.1590/1413-81232015204.09562014.

Arantes-Gonçalves, F. (2013). Luto e Depressão: Da psicanálise às neurociências. *Interações: Sociedade e as novas modernidades, 11*(21). htpps://www.interacoes-ismt.com/index,php/revista/article/download/320/332/.

Ariès, P. (1981). O Homem diante da morte. Rio de Janeiro: Francisco Alves. In Luna, I. J. (2014). *Histórias de Perdas: Uma proposta de (re)leitura da experiência de luto* (Tese de Doutorado). Instituto de Psicologia da Universidade Federal de Santa Catarina, Florianópolis.

Ariès, P. (2012). *História da morte no Ocidente: da Idade Média aos nossos dias.* (Trad. Priscila Viana de Siqueira). Rio de Janeiro: Nova Fronteira.

Bowlby, J. (1944). Forty four juvenile thieves: their characters and home life. International jornal of psicoanalysis, *25*,19-127. In Parkes, C. M. (2009). *Amor e Perda: as raízes do luto e suas implicações.* (Trad. Maria Helena Pereira Franco). São Paulo: Summus.

Bowlby, J. (1961). Process of mourning. The International Journal of Psycho-analisis, *13*(45), 317-340. In Luna, I. J. (2014). *Histórias de Perdas: Uma proposta de (re)leitura da experiência de luto* (Tese de Doutorado). Instituto de Psicologia da Universidade Federal de Santa Catarina, Florianópolis.

Bowlby, J. (1982). Formação e rompimento dos laços afetivos. São Paulo: Martins Fontes. In Luna, I. J. (2014). *Histórias de Perdas: Uma proposta de (re)leitura da experiência de luto* (Tese de Doutorado). Instituto de Psicologia da Universidade Federal de Santa Catarina, Florianópolis.

Bowlby, J. (1990). *Apego – volume 1.* (Trilogia Apego e Perda). São Paulo: Martins Fontes.

Coelho, R. M. (1917/1974). Família e Luto. In Cerveny, C. M. de O. (Org.). (2013). *Família e... intergeracionalidade, equilíbrio econômico, longevidade, repercussões, interações psicossociais, o tempo, filhos cangurus, luto, cultura, terapia familiar, desenvolvimento humano e social, afetividade, negociação.* São Paulo: Casa do Psicólogo.

Cordeiro, M. D. S. (2014). *Diálogos entre a neurociência e a psicologia, com foco no luto: um estudo bibliográfico* (Dissertação de Mestrado). Pontifícia Universidade Católica, São Paulo.

Darwin, C. (1972/1998). The expressional of de emotion in man and animals. Londres: Murray. In Luna, I. J. (2014). *Histórias de Perdas: Uma proposta de (re) leitura da experiência de luto* (Tese de Doutorado). Instituto de Psicologia da Universidade Federal de Santa Catarina, Florianópolis.

Eninger, F. U. Santos, C. M. dos, & Kayser, M. F. (2021). As relações familiares frente ao processo do luto antecipatório. *Brazilian Journal of Health Review, 4*(4), 15913–15927. DOI: 10.34119bjhrv4n4-121.

Franco, M. H. P., & Poldo, K. K. Gomes. I. C. (Coord.). (2014). *Atendimento Psicoterápico no luto 1*. São Paulo: Zagodoni.

Freire, M. C. B. (2005). O som do silêncio: isolamento e sociabilidade ao trabalho de luto. Natal: EDUFRN. In Luna, I. J. (2014). *Histórias de Perdas: Uma proposta de (re)leitura da experiência de luto* (Tese de Doutorado). Instituto de Psicologia da Universidade Federal de Santa Catarina, Florianópolis.

Freud, S. (2012).*Luto e melancolia*. Edicções Standard Brasileira das obras completas de Sigmund Freud. (vol. 14). Rio de Janeiro: Imago.

Heidegger, M. (1967). *El ser y el tempo*. (Trad. I. Gaos). México: Fondo de Cultura.

Jung. C. G. (1991). A natureza da psique. Petrópolis: Vozes. In Vectore, C., & Neves, S. R. (Orgs.). (2022). *Atravessamentos Junguianos: diálogos entre Psicologia, Artes e Individuação*. Uberlândia: Vincere Solaris.

Kers, G., & Tinoco V. (2016). O luto antecipatório do idoso acerca de si mesmo: Revisão Sistemática. Revista Kairós Gerontologia, *19*(22), 109-133. In Eninger, F. U. Santos, C. M. dos, & Kayser, M. F. (2021). As relações familiares frente ao processo do luto antecipatório. *Brazilian Journal of Health Review, 4*(4), 15913–15927. DOI: 10.34119bjhrv4n4-121.

Klass, D. Silverman, P. R, & Nickman, S. (Orgs.). (1996). Continuing bonds: new understandingsof grief. Londres: Taylor and Francis. In Parkes, C. M. (2009). *Amor e Perda: as raízes do luto e suas implicações*. (Trad. Maria Helena Pereira Franco). São Paulo: Summus.

Kubler-Ross, E. (2008). *Sobre a morte e o morrer: o que os doentes terminais tem a ensinar a médicos, enfermeiras, religiosos e a seus próprios parentes*. (Trad. Paulo Menezes). 9a ed. São Paulo: Martins Fontes.

Kubler-Ross, E. (2017). *A Roda da Vida, Memória do Viver e do Morrer*. 2a ed. São Paulo: Sextante.

Leloup, J. Y. (1999). A imagem que temos da morte, herança da nossa cultura. In Hennezel, M., & Leloup, J. Y. *A arte de morrer, tradições religiosas e espiritualidade humanista diante da morte na atualidade*. Petrópolis: Vozes.

Lindemann, E. (1944). Symptomatology and management of acute grief. The American Journal of Psychiatry, 101(2), 141-148. In Luna, I. J. (2014). *Histórias de Perdas: Uma proposta de (re)leitura da experiência de luto* (Tese de Doutorado). Instituto de Psicologia da Universidade Federal de Santa Catarina, Florianópolis.

Montoro, G. C. F., & Munhoz, M. L. P. (2010). *O desafio do Amor: uma questão de Saúde Pública*. São Paulo: Roca.

Msawa, C. S., Alarcon, I., Andrade, J. V. A., Gomes, K. D. da C., Oliveira, L. A. de, Simioni, M. C., & Santos, T. F. L. dos. (2022). Os efeitos do luto no cérebro. *Simbio-Logias*, 14(20).

Parkes, C. M. (1988). Bereavement as a psychosocial transition to change. Journal of Social Issues, 44(3), 53-65. In Luna, I. J. (2014). *Histórias de Perdas: Uma proposta de (re)leitura da experiência de luto* (Tese de Doutorado). Instituto de Psicologia da Universidade Federal de Santa Catarina, Florianópolis.

Rando, T. A. (2000). Promoting healty antecipatiry mourning in intimates of the life-threatened of dying person. In Rando, T. A. (org.) Clinical dimensions of antecipatory mourning theory and practice in working with the dying, their loved ones, and their caregives. *Champaign, Reserach Press*, 307-378.

Savage, J. A. (1989). *Vidas Não Vividas – O sentido psicológico da perda simbólica e da perda real na morte de um filho*. (Trad. Alípio Correia de França Neto). São Paulo: Cultrix.

Siqueira, J. E. S (2015). A vivência da morte e o resgate da vida na terapia de casal - reflexões sobre um caso clínico. In Benedito, V. L. Di Y. *Terapia de casal e de família na clínica junguiana – Teoria e Prática*. São Paulo: Summus.

Stoebe, M., Gergen. M., Stroebe, W., & Gergen, K. (1992). Broken hearts of broken honds: love and death in historical perspective. American Psycologist, 47(10), 1205-1212. In Luna, I. J. (2014). *Histórias de Perdas: Uma proposta de (re)leitura da experiência de luto* (Tese de Doutorado). Instituto de Psicologia da Universidade Federal de Santa Catarina, Florianópolis.

Stroebe, M., & Stroebe, W. (1994). The symptomatology of grief. In Stroebe, M., & Stroebe, W. (Org.) *Beneavementa and healt: the psycological and physical consequences of partner loss*. Cambridge University Press.

Tinoco, V. (2007). O luto em instituições de abrigamento: um desafio para cuidadores temporários (Dissertação de Mestrado). Pontifícia Universidade Católica de São Paulo, São Paulo. In Luna, I. J. *Histórias de Perdas: Uma proposta de (re)leitura da experiência de luto* (Tese de Doutorado). Instituto de Psicologia da Universidade Federal de Santa Catarina, Florianópolis.

Vicente, R. M. P. S. (2013). Família e mudança. In Cerveny, C. M. de O. (Org.). *Família e... comunicação, divórcio, resiliência, deficiência, lei, bioética, doença, religião e drogadição*. São Paulo: Casa do Psicólogo.

Walter, T. (1997). A secularização. In Parkes, C. M., Langani, P., & Young, B. (Orgs.). (2003). Morte e Luto através das culturas. Lisboa: Climepsi Editores. In Luna, I. J. (2014). *Histórias de Perdas: Uma proposta de (re)leitura da experiência de luto* (Tese de Doutorado). Instituto de Psicologia da Universidade Federal de Santa Catarina, Florianópolis.